Tocando fondo

SANANDO DESDE LAS PROFUNDIDADES

ALEJANDRO SEQUERA PINTO

Tocando fondo

SANANDO DESDE LAS PROFUNDIDADES

AGUILAR

Primera edición: julio de 2024

Copyright © 2024, Alejandro Sequera Pinto
Copyright © 2024, Penguin Random House Grupo Editorial USA, LLC
8950 SW 74th Court, Suite 2010
Miami, FL 33156
Aguilar es una marca de Penguin Random House Grupo Editorial
Todos los derechos reservados.

Concepto de ilustraciones: Juan Barrios y PRHGE
Ilustraciones de las páginas 13, 19, 22, 35, 42, 51, 73, 81, 115, 127, 136, 172, 191, 207, 247, 282,
301, 314, 323, 332: Luis Augusto Vega Hideroa y Ana Paula Dávila.
Imágenes de Shutterstock: Vectorfair, Julia Henze, reknika, balabolka, Kindlena, Almix, Ayaruta,
AlexandrSan, Haali, dhtgip, maritime_m, bioraven, Dodoromeo, paparoma, hanakres, NikVector

Impreso en Colombia / *Printed in Colombia*

ISBN: 979-88-909806-1-8

24 25 26 27 28   10 9 8 7 6 5 4 3 2 1

A la locura que me hizo escribir y
por mi incansable búsqueda de respuestas.

Todavía no quiero hacer una pausa,
queda mucho por conocer.

Todavía no me quiero ir.

Nacemos, pero no sabemos el día de nuestra muerte,
el amor nos cubre hasta las rodillas,
pero cuando aprendemos a querernos
tal cual somos, nos arropa por completo.

Y cuando tocamos fondo aprendemos a volar
con más impulso.

¿En qué parte vas tú?

Existen verdades que duelen,
pero no son esas las que nos hacen tocar fondo,
tampoco las veces que caemos y nos levantamos,
ni siquiera los días en los que nada tiene sentido.

Creo que lo que nos hace tocar fondo,
es el momento en el que un día despertamos
y aceptamos que hemos llevado una vida de teatro.

Yo quise tocar fondo muchas veces,
pero tenía miedo de ahogarme,
hasta que el día llegó.
Aprendí a nadar
a jugar con la tristeza e hice
las paces con el pasado.

Ahora míranos,
tú y yo estamos aquí.

Prólogo

Las circunstancias de la vida no definen nuestro destino, pero lo que aprendemos en el camino y lo que vamos soltando nos deja como lección que podemos superar cada una de las barreras. ¿Alguna vez te has preguntado si has tocado fondo? Porque muchas veces me he preguntado lo mismo. Todavía no sé si he llegado, pero espero poder llegar pronto y encontrar ahí las respuestas a las preguntas que aparecen en las noches cuando no puedo dormir y en las que me sumerjo en el agua.

Algunos tienen miedo al agua, a aprender a nadar o enfrentar sus propios miedos, pero el momento de hacerlo llega de manera inesperada y tienes que atravesar ese proceso, quieras o no.

Un viaje hacia las profundidades de los sentimientos, donde los miedos, los apegos y las despedidas inesperadas se hacen presentes como recordatorio de que, en la vida, nada es predecible y tenemos que vivir el presente como si fuese nuestro último día en la tierra.

¿Todavía tienes miedo? Aprenderemos a nadar y poco a poco, nos iremos sumergiendo hasta llegar a lo profundo, al lugar donde no le has dado entrada a nadie, el lugar al que perteneces y donde todos tus sentimientos te esperan para que los abraces.

Alejandro Sequera P.

Para quien decida abrir este libro por primera vez

Me gustaría decirte todo en una sola página, pero eso es imposible. Antes nos hemos ido de viaje, muchas veces al pasado y otras a un futuro no tan lejano. Hemos ido a los lugares más extraños y a otros que se quedan clavados para siempre en nuestros corazones. Hemos hablado a solas y con el silencio de la noche. Hemos descubierto que somos tan increíbles que a veces no entendemos por qué sufrimos.

¿Qué tanto te ha enseñado la vida? Tómate unos minutos para hacerte esa pregunta y te la respondas. Si no logras dar con una respuesta que genere tranquilidad, no pasa nada, no es momento para que te hagas daño.

Pero aquí vamos. He hablado mil veces del amor y de lo que me hace sentir, pero creo que nunca te he hablado del miedo que siento cuando estoy dormido y, de pronto, tengo esos sueños donde me encuentro en el agua. No sé qué tan profundo es, pero entonces despierto y no dejo de pensar por qué me pasan a mí algunas cosas y a los demás no, o por qué será que cuando despierto quedo con una sensación en la que quiero que me abracen, pero no hay nadie.

Quiero que esta vez nos vayamos a lo más profundo de nuestro ser, hablemos de esas cosas que con nadie hemos podido hablar, toquemos fondo sobre aquellas verdades que incomodan y, sobre todo, aprendamos a lidiar con esas emociones que intentan controlarnos y hacernos sentir que estamos haciendo las cosas mal.

Creo que estamos listos para enfrentar cualquier cosa. Toma mi mano y aprendamos juntos a nadar. Aprendamos más de nosotros y dejemos las excusas atrás.

Querido lector:

Puedes tomar cualquiera de los dos chalecos salvavidas que te daré: el del amor propio y el que te permite saber lo que quieres para ti a partir de ahora. Nada es perfecto, nada está predeterminado, no es hora de concluir lo que ni siquiera comenzaste. Quiero enseñarte que, sin importar cuánto miedo tengas, lo que la vida te tiene preparado es increíble; puedes pensar que no lo mereces, muchas veces yo también he sentido lo mismo, pero aprendí a aceptarlo el día que me di cuenta de que todo pasa tan rápido que lo mejor es cuidarlo y disfrutarlo.

Todas las cosas que vas a leer, de alguna manera te van a servir, no sé si al principio o al final, pero estoy seguro de que algo dentro de ti cambiará, algo dentro de ti despertará. Estoy seguro de que a partir de ahora, luego de nadar e irnos a las profundidades, de llegar a nuestros cimientos, mirarás las cosas de otra manera y, vas a vincularte con lo que siempre ha estado ahí para ti y no le dabas importancia porque te dedicaste a mantener el equilibrio de otros y el tuyo lo olvidaste.

No sé si encontrarás todas las respuestas, pero déjate llevar por lo que vaya sucediendo. Deja que todo fluya, arriésgate a explorar ese mar de emociones. Atrévete a sumergirte, a convencerte de que puedes, de que lo mejor está pasando y lo que te ha lastimado dejará de hacerlo porque aunque no puedas controlar las situaciones, tú puedes controlar el timón y dirigirte hacia tu próximo destino.

Y, si al final aprendiste a nadar, sabrás que siempre pudiste hacerlo. Solo necesitabas un poco de ayuda.

ALEJANDRO SEQUERA

Advertencia:

Algunas cosas que nadie te ha dicho podrías encontrarlas en este libro. No sé cómo lo vas a tomar. Pero te prometo que, antes de ahogarnos, aprenderemos a nadar.

Hablando de promesas, piensa en aquella que te hiciste alguna vez y tráela de vuelta. Vamos a desempolvarla y quererla.

Algunos problemas son insignificantes; algunas excusas, pequeñas piedras en el zapato y nada de eso se compara con lo grande que son tus sueños, o con lo gigante y la increíble persona que eres.

CAPÍTULO 1

En la orilla

Creo que un día sucede: lo de antes ya no te gusta y te convences de que algo tienes que cambiar. ¿Alguna vez te has preguntado cómo sería enfrentar estos cambios sin tener miedo? ¿O qué sería de ti si decides escribir otra historia en la que tú finalmente, eres feliz?

Estamos en la orilla, nos hemos quitado los zapatos, la arena se siente bastante fría, la brisa nos arropa y nos besa la mejilla, creo que nunca nos habíamos sentido tan listos como ahora.

El canto de las gaviotas nos da la bienvenida, la vida se siente extraña, pero por alguna razón estamos aquí, lo demás solo es cuestión de tiempo para averiguarlo. Hoy quiero que entiendas que con cada paso que damos, vamos dejando atrás todo lo que no forma parte de nosotros y eso está bien.

Tal vez pueden pasar
muchas cosas, pero también
puede que no pase nada.
La mejor parte es intentarlo,
¿no crees?

Muchas veces lo he pensado y cuántas ganas de hacerlo.
Lo hago en mis sueños mientras duermo y en las noches de
vinos mientras escribo.

Quiero que aquí comencemos a tocar fondo,
a anclarnos a nuestra propia verdad aunque tengamos miedo.
Pero vamos a hacerlo porque es hora de abrazarnos a la libertad,
y aceptar que estamos destinados a ser felices.

Dame la mano porque aquí comienza esto.
No temas, porque no te voy a soltar.

Quiero que esta sea la oportunidad que estuviste esperando,
la oportunidad que te abrirá los ojos,
que te llevará más lejos del dolor.
La oportunidad que te mostrará que puedes y siempre has
podido.

La oportunidad de hacer algo diferente.

Algunas historias comienzan de una forma linda, otras, en medio de la mañana al despertar; pero esta ya ha comenzado. Había esperado mucho tiempo para hacer algo con mi vida, mi felicidad y esas cosas que hacen que siempre esté en conflicto con lo que debo dejar ir y lo que la vida ha puesto frente a mí. Supongo que en esa incansable búsqueda de sentirse parte de algo, vamos perdiendo lentamente nuestra esencia, el brillo de nuestros ojos y dejamos de acariciarnos el alma. Pero es complicado cuando el corazón y la mente no están en la misma sintonía, y esa voz interna te habla para que no vayas por el mismo camino que te llevó a las personas equivocadas. Pero es ahí cuando el corazón te habla desde la añoranza y con una especie de fotograma, con algún sonido de fondo que endulza esos breves minutos. los recuerdos comienzan a pasearse, uno a uno, como si se tratase de una exposición en donde te ves feliz, donde reíste hasta quedarte sin aire y donde sentiste que la vida era tan buena que dudaste si merecías ese éxtasis de amor.

Somos tan inseguros que un gesto de amor que provenga de la vida, no creemos que deba ser parte de nosotros, solo por el temor de sentir que, en cualquier momento, lo vamos a perder. Nos han prometido tanto, que ahora cuesta demasiado creer en las cosas buenas, y eso muchas veces es la causa de heridas que creímos que habían sanado, y no es así.

No he vuelto a ver a quienes un día me juraron amor, como quien un día me prometió quedarse a pesar de las tormentas que arrasan con todo y el universo que decide esconder las estrellas, o cuando la luna se va de paseo y el sol se va a la cama temprano. No he vuelto a ver a quien un día me contó, con lágrimas en los ojos, que yo era parte de eso que le hacía feliz y que le devolvía, de alguna manera, las ganas de vivir.

Supongo que lo que ha pasado conmigo es que he dejado que otros me ahoguen con su indiferencia y nunca hice nada. Tenía ese temor de soltar y dejar ir a alguien que, aun siendo importante para mí, me lastimaba, por dentro me quemaba, destruía todo. Lo único que hacía para calmar sus tormentas y para que se quedara era aguantar la tormenta, pero nunca pude lograrlo. Muchas veces me sentía culpable por cosas y situaciones en las que no tenía nada que ver. Ese afán de estar, de querer siempre estar y que no lo noten, es lo que me dolía. Siempre he pensado que cuando dicen querernos es porque de verdad lo sienten y se van a quedar.

No vamos a enloquecer. Al final del día y de los tiempos de cada historia, salimos vivos de esa batalla, a pesar de que los recuerdos se quedan dentro de nosotros, los buenos y malos momentos. Uno aprende a lidiar con toda esa carga. No sé si te ha pasado que quisieras que todo pasara como lo imaginas en tu mente. Te vas a la cama con esa idea, de que todo sea como realmente lo deseas y nada pasa, nada cambia. Los mensajes siguen siendo los mismos, al igual que las actitudes y no te queda más que aceptar que nada está siendo como creíste que sería.

Recuerdo cuando tenía la manía de querer salvar a todas las personas. Pero no se puede. Existen personas que, aunque se crucen contigo, tú no puedes hacer mucho por ellas, más que facilitarles el camino y cederles el espacio. Por más bonito que sea todo (los sentimientos y las ganas de ayudar) no eres tú la persona necesaria para que esa otra experimente la felicidad. Eso es algo que cuesta asimilar y no sé si desde la madurez o la aceptación, pero toca hacerlo porque estamos en movimiento y hay que continuar. No hay que castigarse por las cosas que suceden y se salen de control. Cuando hace mucho calor y el sol quema, buscamos algún árbol que nos pueda cubrir. Lo mismo pasa cuando las personas nos queman el alma. Hay que salir de ellas y desearles lo mejor.

No vamos a ser jóvenes para siempre, ni muy viejos. Llegará el día en que tendremos el boleto a la vida eterna y dejaremos atrás esta vida. Quizá no seremos los más sabios, ni recorreremos el mundo entero. Lo que somos ahora será, en algún momento, una estela de nuestros recuerdos, de lo que hicimos, de lo que fallamos, de lo que aprendimos y odiamos, de las noches que lloramos, la gente que despedimos, la prenda que usamos por última vez, los zapatos que se desgastaron, la noche que más amamos, el día que la vida se sintió rara, nuestras canciones favoritas. Lo que importa es el ahora, justo ahora cuando aún tenemos tiempo. Así lo creo, así lo siento y no hay que esculcar en el pasado; si hoy quieres hacer algo increíble, es mejor que lo hagas, lo vivas y lo disfrutes porque eso es para ti. Mientras tanto, me preparo mi cuarta taza de café, cambio de canción y sigo viajando por mis propios recuerdos para nunca olvidar cuántos pasos he dado y qué tan lejos podría llegar.

¿Qué dices? ¿Todavía no sabes quién soy? Tienes razón, no me he presentado. Es que me emociono, parloteo mucho y a veces olvido que podría alguien escucharme y tengo que dejarle hablar. Me llamo Jordan, soy bastante distraído pero cuando se trata de hablar y hacer nuevos amigos, lo disfruto muchísimo. Quiero pedirte que hagamos las expectativas a un lado y dejemos que todo vaya fluyendo. Por ahí me han dicho que en su mayoría, las personas no están preparadas para ciertas verdades, ni siquiera yo. Solo espero que con esto juntos aprendamos a enfrentarlas y a entender que está bien que lleguemos al límite para despertar y ver qué hacer con nuestra vida.

En el momento que supe que todo lo estaba creando en mi mente y que las relaciones con algunas personas

lamentablemente no iban a ser bonitas, tuve la gran tarea personal de entender que eso sería así. Por supuesto que me dolía pensar que los buenos momentos no serían para siempre y que lo mejor era quedarme con los ratos de risas y no dedicar mi tiempo a sufrir por aquellos a los que nunca les importé. Solía tener la costumbre de hacer muchas cosas en compañía, pero ahora todo es tan diferente que me da un poco de miedo. He tomado la decisión de entrar en un nuevo proceso que sea solo mío y no involucrar a quien no quiere estar. Noches atrás todo fue difícil, ya no quería esperar más, ya no quería buscar respuestas, ya no quería entender nada; quería quedarme en mi cama para siempre y esperar que el mundo se acabara.

El tiempo que me he tomado
para hacer las paces conmigo,
se ha quedado grabado no solo en
mi corazón sino también en mi memoria.

Y por nada del mundo quisiera
olvidar de donde tuve que salir
o levantarme para aprender a valorarme.

la noche es mi mejor amiga

Estuve esperando mucho tiempo sentado frente a la ventana de mi habitación, estuve esperando una oportunidad que nunca llegó, estuve esperando un abrazo que nadie pudo darme. Entre el silencio y las dudas, que eran los únicos que encendían las luces de mi nuevo camino, entendí que nadie llegaría por mí, ¿y sabes qué? Está bien, nadie tiene por qué hacerlo y esa realidad dejó de doler cuando entendí que conmigo soy suficiente.

Todas las cartas que había escrito nadie las iba a leer. Era una batalla que no podría ganar porque siempre me hice estas preguntas: cuál era el sentido de mi existencia y por qué la noche era mi única amiga cuando las preguntas salían a flotar.

Durante mucho tiempo escuché canciones que interpretaban mi manera de ser, cubrían mis sentidos y les daban entendimiento a mis dudas. Siempre quise ir por más y conocer el punto de partida de mi existencia, no por temor a lo que podría descubrir, sino para saber qué tan lejos podemos llegar cuando tomamos la decisión de soltar y avanzar. La noche se transformó en mi única aliada, en la única amiga que podía escucharme sin juzgarme, en la esperanza que necesité en esos momentos en los que quise cambiar muchas cosas.

Ya no quise pelear, mucho menos luchar por lugares que no me correspondían, ni viajar a sitios a los que no podía llegar. Acepté que no todos estamos listos para los corazones de otras personas, que mi manera de ser era extraña, nada peculiar, quizás ordinaria y que hasta mi sonrisa incomodaba a toda la gente que me veía. Y eso, hoy pienso que está bien. No hay razón para querer encajar en todos los lugares; es imposible y aburrido.

Sé que más de uno se ha sentido así, bajo un torrente de emociones que lastiman el alma, pero es mejor no reprimir lo que somos. Quizás el camino puede ser bastante largo, pero cuando despiertas y comienzas a mirar hacia otros lados, caes en una nueva verdad: que perder el tiempo es peligroso y que la vida se te está yendo.

La noche se transformó en mi consejera, me servía el vino para calmar mi sed mientras yo no paraba de hacer preguntas, de indagar más allá de lo que sentimos. ¿Por qué, luego de conquistar varias historias, yo todavía no podía encontrar la mía? Me ayudó a tocar fondo, pero creo que no del todo, pero ahí estuvo y todavía está junto a mí. Me abraza cuando no puedo dormir, se queda a mi lado cuando tengo miedo, me seca las lágrimas cuando pierdo la esperanza, me da la mano cuando no sé cómo continuar, me apachurra el alma cuando ya no sé qué hacer.

Quise hacerlo de una forma diferente, tan diferente que cuando alguien lea qué significó la noche para mí, también lo sienta. Espero algún día lograrlo. Yo creo que sí. Y mientras eso sucede, continuaré caminando, subiendo escaleras, oyendo canciones que me hagan reír y otras, llorar, afinen mi existencia, y que, a pesar de todo, de los finales infelices, por primera vez, algo bonito suceda.

Espero que lo sientas, tanto como la primera vez que te rompieron el corazón y aprendiste a entenderlo, porque no se trató de que la vida estaba en contra de ti, sino de que debías aprender algo.

¿Alguna vez has
querido tanto tocar fondo,
que quisieras saber por qué?

Es una pregunta que te
hago porque
hay que tomar ciertas
precauciones.

La caída más fuerte

A algunas personas les gustaría olvidar la historia de su vida, pero yo no quiero eso, no quiero que pienses que es por masoquismo, o porque mi ego se sentirá fracturado por esa decisión. Con el tiempo he ido aprendiendo a controlarlo y la mayoría del tiempo está dormido. Me gustan mis raíces, y quiero saber qué tan profundas son, y qué tanto he aprendido con este paso por la vida.

Algunos creen que la vida es solamente existir y encontrar la manera de sobrevivir, pero a mí me gusta pensar que la vida es más que eso, por eso busco en todo lo que pasa señales que me indiquen que lo estoy haciendo bien o quizá mal. Siento que por alguna razón seguimos aquí. Siento que mientras tú lees esto, algo va a pasar y la razón más exacta es que por algo está pasando y que para algo me estás leyendo, porque en una noche como la de hoy, o en el día en que hemos coincidido, en el momento exacto para conocerla, es algo que no se habla con casi nadie.

Las cosas salen mal y el caos comienza, la frustración se convierte en tormenta y reina la locura.

Tienes dos opciones cuando las cosas te salen mal. La primera, mirar dónde te has equivocado, aprender de ese error y estar atento para no volver a repetirlo. La segunda, enloquecer en un intento de querer tener la razón; tu ego puede más y te verás como una persona demasiado tonta como para aceptar que es normal equivocarse. El mayor golpe para un ególatra es demostrarle que no tiene la razón. Confío en ti y sé que te elegirás la primera opción.

Discúlpame si me he salido del camino, solo quería recordarte eso. Podemos continuar.

Algunos piensan que la vida es un infierno y otros, un paraíso. No te diré cómo la miro yo, pero lo que he ido

descubriendo de a poco es que algunos tienen miles de oportunidades y pasajes para viajar a donde sea. Es cierto que no todos vivimos las mismas realidades, pero al final del día, las emociones pueden acercarse.

Sí, la caída más fuerte fue cuando toqué fondo y entendí que yo estaba trazando mi destino, y que el único que podía mejorarlo... exactamente, era yo y nadie más. Nadie nos dice qué hacer, somos los que decidimos salvarnos o destruirnos. La caída más fuerte fue esa, aceptar que nadie tenía la capacidad de pensar como yo. Mucho menos, actuar como yo.

Cada uno de nosotros es diferente y la maravilla de eso es que podemos crear miles de mundos para disfrutar. El problema es que cuando alguien no se ancla a nuestras reglas, lo miramos como un enemigo y pensamos que vino a nosotros solo para destruirnos. Creo que esa forma de pensar es estúpida y egoísta, nadie puede reprimir lo que somos y tú tampoco. Si algo te incomoda lo alejas y si alguien no te hace feliz, lo sueltas.

No solo es tocar fondo y decirte a ti mismo que lo has hecho; es tocar fondo desde adentro, desde lo que eres, desde esas historias de dolor que nadie sabe, desde esos conflictos que todavía crean tormentas. Esas son las heridas que, con el tiempo, vuelven a doler porque no sanan por completo. Es tocar fondo, desde lo más profundo y coger impulso para emerger a la superficie siendo diferente, y así te conviertes en una persona más educada contigo mismo, una persona más amorosa que se ha quitado de encima la rabia, la mala energía y se ha dispuesto a sonreír cada vez que abre la ventana.

Una persona puede tenerlo todo y no ser feliz, quizá porque todavía no sabe quién es, o tal vez porque la venda de la tristeza en sus ojos no le permite ver lo que la vida le ofrece.

A veces sin razón, juzgamos sin compasión

Preferimos juzgar antes de conocer,
la mayoría piensa que somos
lo peor sin antes mirar nuestras cicatrices.
Sin entender que hemos cruzado tantos
ríos y curado tantas heridas para llegar a ese lugar
donde nos están mirando y, que por alguna razón,
nos están mirando.

La caída más fuerte fue esa,
en la que tuve que aprender que
no todos estarían para mí y yo
no estaría para quien pudiera necesitarme.

Pero ya no era tocar fondo, ni volar muy alto,
ni mirar qué tan lejos estaba llegando,
ni cuántas caricias le faltaba a mi alma.

No era nada, al contrario…
la caída más fuerte llegó la noche que sin pensarlo,
mi corazón dejó de latir por un segundo,
en la que sentí miedo, pero miedo de verdad
y no supe a dónde ir,
en la que todas las batallas que creí ganadas, volvían
por una revancha.

La caída más fuerte fue en la que tuve que soltar todo a lo que estaba aferrado y comenzar otra vez. Me fui, no estaba huyendo, tampoco omitiendo la verdad, estaba despertando, estaba evolucionando para ser mejor. Caminé hasta la orilla y seguí hasta sumergirme. Mi corazón se reinició y algo pasó conmigo, dejé de ser el mismo, ya no quise volver a lo que me destruyó. **Me fui porque quería ser y dar lo mejor para mí.**

Es momento de que te mires
y te convenzas de una vez por todas,
que tú necesitas volver a ti...

...te lo digo muy en serio,
tan en serio que esta es una señal.
Tan en serio que todavía no te has ido.

Y si por primera vez...

Despiertas un día y solo quieres estar para ti, no quieres salir de casa, ni siquiera de tu habitación, no te apetece rodar las cortinas de tu ventana, tampoco te importa mucho la hora que marca el reloj. La culpa sigue del otro lado de la cama, ni siquiera sabes por qué. No se trata de que te hayas agotado. La verdad, no sabes de qué se trata, pero por tu mente sigue caminando lo que hace semanas estás pensando.

Y si por primera vez te vuelves a refutar. Y si por primera vez decides y te lanzas sin pensarlo. "¿Qué más podrías perder o ganar?", te dices mientras miras el techo de tu habitación. La alarma vuelve a sonar para decirte que es hora de levantarte. Es el eterno recordatorio de que hay que seguir, aunque a veces, no quieres pensar en lo rutinario del día.

Pero sigues pensando. La música comienza a sonar y los pájaros están ahí tan cerquita de ti. Te gustaría volar con ellos alguna vez en tu vida.

¿Y si por primera vez te atreves a más, a no pensar tanto las cosas, a no morir mientras lo intentas, a no desistir nunca más, a no seguir ocultándote sin razón? ¿Y si por primera vez dejas de pensar demasiado y vives el ahora mirando hacia las estrellas, y siendo noble contigo, olvidando el dolor y recordando que todo lo que dejaste en el pasado te enseñó que no tienes que castigarte únicamente porque algo salió mal? Soltar no quiere decir que lo has perdido todo. Has comenzado y está bien sacar de tu vida lo que está interfiriendo en el proceso del encuentro contigo mismo. Es bueno desprenderse hasta de los huesos para conectar con la realidad y tomar buenas decisiones, aquellas que ligeramente sanan el corazón y limpian la mente.

Te vuelves a cuestionar y, como casi todo el tiempo, la frustración intenta ganar la carrera interna de lo que deseas y

sueñas para no permitir que alcances el primer lugar. Pero por el temor de sentir que no es para ti, dudas y todo se vuelve a oscurecer y rechazas el plan de conquista. ¿Sabes? Creo que esta vez es diferente. ¿Y si por primera vez, de verdad es diferente? Quizá haya pasado mucho tiempo para eso, pero no importa. Cuando las cosas cambian para ser mejor, te vas a dar cuenta de eso, será muy fácil porque la tempestad se habrá ido, tu corazón estará en paz, sonreirás de verdad y la calma será tu nuevo hogar.

Te levantas de la cama sin saber qué podría pasar. Ya no es necesario armar en tu cabeza lo que pasará en el día, es mejor dejar que todo pase y respirar con calma. El tiempo seguirá corriendo, y es hora de comenzar a cursar a su lado. Si quieres correr para alcanzarlo, puedes hacerlo, pero no creas que vas a perderlo de vista. Aunque te distraigas en otros lugares, él estará siempre a tu lado. Sentía que estaba cayendo, que me habían soltado, que algo dentro de mí se había roto para siempre. No me sentía capaz de sobrevivir, no quería retar mi valor, no quería pelear más, no quería llorar, no quería sentir más. Sentía que la búsqueda de mi tranquilidad era en vano. Ya no quería pedir más deseos, ya no creía en la posibilidad de ganar.

Me había alejado demasiado y, entonces, todo se detuvo.

Nos sumergimos en las profundidades del mar
de los sentimientos,
la vida nos gritaba que, por favor, regresáramos al muelle.
El miedo nos mordía la punta de los pies, nos
intentaba despertar.
Seguíamos dormidos soñando toda la vida que
intentábamos llegar a la superficie;
casi locos, casi ciegos, casi sordos de tanto hablar
con fuerza
y que alguien nos pudiera escuchar, quizá Dios,
quizás el universo,
tal vez la luna, o de repente el sol. Nos dejamos llevar
como las hojas secas que corren hasta la alcantarilla
cuando llueve en la ciudad,
pero a diferencia de ellas que tienen un final, nosotros
aún no lo teníamos.
Hablamos del tiempo con aquellos viajeros que
no vimos más,
y reímos a carcajadas como si antes nada nos
hubiera pasado,
como si nadie nos hubiera aplastado el corazón,
como si nadie se hubiera burlado de cómo hablamos
del amor.
De alguna manera aprendimos a ignorar lo que
nos destruyó,
aunque desde afuera nadie puede ver lo que hay dentro,
a menos que le abramos la puerta.
Volvimos a soñar, a ser tan risueños como cuando niños.
La vida no parecía tan complicada y exagerada,
cuando al esperar la noche nuestros ojos se cerraban
como por arte de magia.
No como ahora que mientras los miedos nos siguen
mordiendo los pies,

la vida no deja de llamarnos, y hasta nos escribe cartas
pidiendo que, por favor,
no nos demos por vencidos.
El amor nos acaricia la punta de los dedos para
aliviar el dolor.
El tic tac del reloj no para de sonar.
Seguimos sumergiéndonos sin saber a dónde
podríamos llegar,
sin entender que hemos pasado un buen rato
tomados de las manos
de gente que nos soltó y que de la mente nunca se fueron.
Y solo pensamos que, si pudiéramos irnos lejos,
haríamos una casita en la luna,
nos iríamos de viaje a alguna isla remota y
perderíamos a propósito el morral de
los "yo no puedo". Que pase lo que tenga que pasar,
que, de todas maneras,
al despertar —si es que despertamos— ahí estaremos…
supongo que con los dedos
de los pies un poco rotos o tal vez enrojecidos. La vida
nos mordió, el tiempo nos mordió, el amor nos abrazó,
nos secó las lágrimas y nos amó.

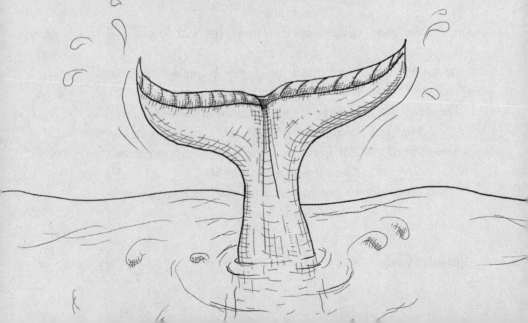

Un día sentirás confusión, derrota, desolación y no entenderás nada.

Por más que te digas y convenzas de que estarás bien, la vida la sentirás bastante rara. Te digo esto porque un día sentí todo eso. Mientras hacía mis prácticas de natación, mientras aprendía a nadar, me fui a lo profundo, toqué el suelo y sentí que moría, pero mantuve la calma, mantuve mi mirada fija hacia arriba y solo con la calma volví a la superficie. Cuando tocamos fondo, lo hacemos porque hemos llegado al límite, y antes de que sea tarde, sabemos que vamos a lograr más de lo que pensamos y que depurar nuestra vida, nuestro entorno y nuestro camino es sano. Es de personas que han llegado a un grado de madurez emocional muy emotivo.

Saber de verdad...

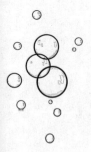

Uno sabe qué hacer cuando nos arrastran a la verdad,
a esa que duele, que quema, que nos hace brotar la rabia,
que nos invade por dentro, que nos desploma,
que causa un terremoto de emociones.

Uno sabe qué hacer cuando la gente nos trata mal,
cuando el falso amor finalmente muestra su verdadera cara,
cuando el descaro se burla frente a nosotros.

Uno sabe qué hacer cuando se agotaron las oportunidades,
cuando se han hundido todos los intentos,
cuando las luces se apagaron y la historia terminó.

Podría decirte qué hacer o qué camino debes seguir, pero tú
en tu ignorancia y poco amor, no harías caso,
no lo harías hasta aceptar la verdad,
aceptar que te mintieron,
que abusaron de ti,
que fuiste ese bote salvavidas que quedó abandonado,
que fuiste la estrella con un deseo fugaz que se perdió en
el espacio,
que fuiste solo una distracción,
que, antes de pisar la realidad,
preferiste vivir una mentira que usaste
como amuleto y no tuvo ningún efecto.
No te diré que estoy triste por ti,
pero uno sabe qué hacer, solo que omitimos,
solo que la esperanza nunca se nos ha ido.

Cuántas cosas por decir o escribir, cuántos amores rotos se han quedado pegados en las paredes de nuestro corazón, cuántas razones perdidas intentando salvar lo que se perdió. Pero de eso se trata esto, de vivir y aprender con todo lo que hacemos. Cuántas veces no quisimos cambiar las cosas o no escuchar esas palabras que nos arrebataron la tranquilidad. Cuántas veces no quisimos borrar el camino y dibujar otro o cuántas veces no quisimos despertar y que todo fuese diferente.

Cuántas veces vimos la luz y preferimos ignorarla, y aunque la frase "tocar fondo" nos podría enseñar a hacerlo, créeme que al principio cuesta y demasiado. Tal vez no estamos listos para enfrentar ciertas cosas. Nadie nos puede obligar y nadie podría entender lo que pasaría. Cada proceso es único, y cada quien tiene su manera y tiempo para procesar los cambios. Esta vez soy yo, así de la nada, y muy de repente, que intento sentirme seguro diciéndome a cada rato que soy fuerte y que podré salir adelante. He creado una coraza tan fuerte que temo que ella me destruya. También se trata de ti, de que todo esto tiene que ser algo bueno, que antes de regresar a la orilla, dejemos en lo profundo lo que nos arrebató la paz, la sonrisa y la felicidad.

Coraza

Te vuelves a mirar en aquellos días donde todo era tranquilo, donde nada pesaba y no temías por el después. Sí, es cierto que quieres vivir nuevos momentos, pero los rastros que han dejado tu pasado te frenan, no quieres deshacerte de tu coraza, por lo menos no por ahora. No quieres luchar más con tu mente, tampoco quieres ir por la vida evitando sentimientos porque, sinceramente, sería demasiado tonto.

Te has repetido mil veces que basta, respiras profundo y miras al cielo como si la respuesta fuese a caer, o un pájaro mensajero desde lo alto la soltará. Pero más que pedir o esperar, has entrado en un proceso en el que solo quieres vivir, en el que solo te miras al espejo y repites que hay que seguir.

No quieres ir con prisa, no quieres sentirte inútil, no quieres sentir que sobras y no quieres hacer tantas preguntas. Ahora en tu coraza, en tu lugar seguro y al que no dejas entrar a cualquiera, a lo que has forjado con el tiempo y a lo que has tenido que aprender a solas y en la oscuridad, solo te miras ahí, siendo tú y solo tú.

—¿Por qué eres tan cruel contigo? —preguntó la estrella de mar acercándose a mí.

—¿Por qué lo dices? —le pregunté.

—Porque desde hace rato estás aquí y te estoy mirando —respondió, y riendo continuo—; simplemente hazlo, sin pensar tanto, sin predeterminar lo que podría suceder. No lo sabrás si no lo intentas.

—Según tú, ¿qué intento? —respondí frunciendo el entrecejo, intentando intimidarla, algo que no logré.

—No es necesario que te lo diga porque ya lo sabes. Algo me dice que quieres intimidarme, y no lo vas a lograr. Vivo en la inmensidad del mar, y eso es algo que a cualquiera asustaría —respondió muy segura de su respuesta.

—Tienes razón, ni siquiera sé por qué pensé en intimidarte, este es tu lugar —respondí dándome por vencido en esa batalla de la razón.

—Ahora también es tuyo, tus pies ya están dentro del agua, solo deja que todo fluya. Lo vas a lograr —respondió y sin despedirse pretendía irse como si nada.

—¡Espera! —le grité.

—¿Qué necesitas? —preguntó devolviéndose.

—¿Cuál es tu nombre? —pregunté con curiosidad para saber más sobre ella.

—¿No es obvio? Soy una estrella, pensé que lo sabrías —respondió intimidante.

—Bueno, sí, pero quiero saber tu nombre, el que usas para que todos te llamen.

—Jordan, aquí en el mar, nuestra manera de comunicarnos es muy diferente a la de ustedes, los humanos.

—¿Cómo sabes mi nombre? —pregunté sorprendido.

—Siempre lo he sabido. De pequeño jugaste conmigo, tú me dijiste tu nombre, y como yo solo te respondí que soy una "Estrella" tú decidiste llamarme Marina, la estrella —respondió.

—¿De verdad eso sucedió? —respondí entre dudas, y pregunté—. ¿Cómo sé que esto está sucediendo ahora? —Me sentía extraño, pero continué con mi interrogatorio porque, sinceramente, era interesante.

—No sé, Jordan. Eso es algo que tú deberías saber, yo no —respondió. Sus respuestas eran muy francas, y la verdad me incomodaba su prepotencia.

—Tengo miedo —le respondí.

—Siempre has tenido miedo, pero sabía que algún día te ibas a atrever, así como ahora —respondió, y comencé a bajar la guardia.

—¿Y si no lo logro? —pregunté.

—Shhh… —respondió mientras se movía de un lado a otro—. Escucha el agua, concéntrate en esa tranquilidad, observa cómo tus pies en el agua se ven pacíficos. Mira cómo los peces nadan cerca de ellos, solo vive el momento. Solo existe en el ahora, y no preguntes tanto que eso le quita la magia.

—Está bien, a partir de ahora intentaré no hacer tantas preguntas —le respondí.

—Ahora sí debo irme, quizá más adelante nos volvamos a ver —respondió alejándose—. Pero Jordan, eso dependerá de ti y de lo que quieras saber, o de lo que yo necesite que sepas en el momento indicado.

—Marina —la interrumpí —. Solamente quiero estar seguro de que voy a lograr volver a la superficie y no seguiré ahogándome en mis pensamientos.

—Lo que logres, lo que falles, lo que dejes ir o lo que tengas que cuidar solo dependerá de ti, de lo que realmente quieres para tu vida —respondió y, casi perdida entre la inmensidad y la lejanía del mar, refutó —; nos vemos pronto Jordan, sé feliz y rompe esa coraza que no te permite ir más lejos porque, en el fondo, es lo que más deseas.

…

Hubo un momento en el que nada parecía
cambiar, donde las emociones se accidentaron
y las promesas se congelaron, la tristeza volvía
a ganar e inundó todo lo que eras,
pero eso no te detuvo.
No hay necesidad de aferrarnos a lo imposible,
no hay necesidad de pasar frío
esperando a alguien que no volverá.
No hay necesidad de volver a cerrar los ojos y
no ver la verdad.

No hay necesidad de seguir huyendo de eso que nos aterra,
no hay necesidad de seguir confiando en viejas promesas,
no hay necesidad de seguir anclados
en la felicidad del pasado,
no hay necesidad de continuar aferrados a una mentira,
no hay necesidad de fingir sentimientos,
no hay necesidad de morirnos en el intento.

No hace falta caer a lo más profundo.
Aunque por curiosidad nos iremos hasta el fondo.
No hace falta gritar demasiado fuerte
para que nos escuchen,
ni pasear por la misma calle para que nos miren,
no hace falta decir adiós mil veces
para que se note que queremos irnos.
No hace falta hacer demasiado para decir que existimos.

Ya estamos, de aquí somos.

La parte en la que dejas de reprocharte

Te han tocado a la puerta, intentas ignorar, pero vuelven a insistir. Te levantas y miras que la oportunidad te vuelve a sonreír; que el tiempo se convirtió en tu nuevo amigo y te mostró otra cara todas las veces que caíste. Entonces, comenzaste a ser más amable contigo.

Llega una parte en la vida en la que dejas de sentir que no vales nada, dejas de reprocharte y dejas de dudar si la felicidad algún día te va a elegir. No sabes cómo sucede, pero simplemente pasa: dejas de ocultarte, ya no te da miedo hablar y expresar lo que sientes. Ya no te importa lo que otros digan y comienza una nueva era para ti.

Porque después de mucho,
también pasa mucho.
El día se vuelve a sentir más bonito,
y las mañanas de frío que se sentían solitarias, dejan de serlo.
Los días que pasaban lentos y otros rápidos, hoy solo pasan
y los disfrutas.
Los momentos que creías tontos ya no pasan
desapercibidos.
La parte en la que sentías que nadie sabía comprenderte,
se hunde en el abismo.
Y luego que han tocado a tu puerta e insistieron tanto para
que la abrieras,
la oportunidad te sigue sonriendo y lentamente continúa
mostrándote verdades
que antes no podías ver,
que antes no podías entender,
que antes no podías asimilar.
Y ahora todo es tan diferente que se siente extraño,
pero es lindo.

Te has vuelto a mirar a la cara y te prometes
que no habrá más reproches de nada,
que la culpa que alguna vez sentiste
fue por miedo de ser tú y aceptar que tú eres
el diseñador de tu felicidad.

Hay verdades que
duelen y destruyen,
pero esas mismas son las que te abren
los ojos y te reconstruyen.

La parte en la que te perdonas

Antes de ir a dormir, perdónate por las veces que te fallaste, perdónate por las veces que te dijiste que no podrías cuando sabías que sí. Perdónate por aceptar cosas que no debías y que no te pertenecían.

Antes de continuar, perdónate por las veces que te encerraste intentando procesar lo que en silencio tuviste que sufrir. Perdónate por las veces que estuviste para los demás antes de atender tus necesidades y, en muchas ocasiones, no te lo agradecieron. Por las veces que te desplomaste y por esas noches de insomnio en las que no pudiste dormir de tanto pensar.

Perdónate por tener que aparentar para así poder agradar. Perdónate por las veces que lloraste a solas y en silencio cuando la vida dejaba de ser para ti, lo que alguna vez creíste.

Perdónate por creer en quien no debiste, por confiar demasiado y sonreírle a esa historia que te prometieron y no te cumplieron. Perdónate por alejarte de quien no debiste. Perdónate porque aunque sientas que no hubo tiempo para sanar, sí lo hubo. Lo que callaste, lo infeliz que fuiste y las veces que quisiste morir, déjalas enterradas, no es necesario traerlas de vuelta a la superficie.

Perdónate por pensar que no podrías, por creer que siempre estarías en la oscuridad, por creer que el amor no era para ti y por las veces que, aun tocando fondo, no lograbas procesar lo que estaba pasando contigo. Por las veces que quisiste desaparecer y por las noches en las que la única compañía que tenías eras tú, tu mascota y tu música favorita.

Perdónate por dudar de ti.

Por creer que eras un
objeto sin sentido.

Eres una maravilla
convertida en persona.

Nuevos hábitos de amor propio

CREER MÁS EN MÍ: ya no hay tiempo para seguir dudando sobre mi capacidad de lograr las cosas.

DORMIR HORAS EXTRAS: las noches de insomnio han llegado a su final.

DESHACERSE DE LOS PENSAMIENTOS NEGATIVOS: esto me enseñará a ser más positivo.

LEER NUEVOS LIBROS: retomar un viejo pasatiempo para distraer la mente.

CUIDAR MIS VERDADERAS AMISTADES: recordarles lo importantes que son para mí.

RECORDARME A MÍ MISMO CADA DÍA QUE SOY IMPORTANTE: algunas veces lo olvido y no estaría mal decírmelo; sería bonito y sanador.

NO VOLVER AL PASADO: no tiene sentido, me distraería del presente.

OMITIR LA HABLADURÍA AJENA: no aporta nada. Solo resta y no es bonito caer en chismes.

PERDONARME: esto lo haré todas las veces que sea posible, se trata de mí y nadie más que yo podrá cuidarme.

PASAR MÁS TIEMPO CON MI PERRO: el único que, a pesar de todo, sigue conmigo y siempre quiere estarlo.

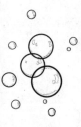

DEJAR DE PROCRASTINAR: hay que dejar de sentir culpa y hacer del tiempo libre algo de provecho.

VIAJAR A UN NUEVO LUGAR: como meta de vida, vamos a crear historias en nuevos lugares. ¿Miedo? Ya es algo que no existirá para nosotros.

COMER MI COMIDA FAVORITA: no importa si es a solas o con alguien, vamos a darle al cuerpo amor a través de esos postres que tanto amamos.

IR POR UN CAFÉ A SOLAS: la compañía es buena, pero si un día no tienes con quien ir a tomar un café, no temas en ir tú; disfruta tus tiempos.

ESCRIBIR LAS COSAS QUE QUIERO DEJAR ATRÁS: no solo escribirlas, sino practicar con amor todo lo que queremos cambiar para ser mejor.

CREER EN EL AMOR OTRA VEZ: el amor es un universo, no lo soltemos, no le tengamos miedo ni celo, no dejemos de creer en él.

CONFIAR EN QUE TODO VA A MEJORAR: la confianza será nuestra nueva amiga en esta navegación de emociones.

El momento en el que secas tus lágrimas

Después de caer al abismo y sentir que todos te soltaron; después de inundar y desbordar tu mente con miles de preguntas y enloquecer con tus pensamientos, las lágrimas dejaron de caer, dejaron de visitarte. La tristeza finalmente comenzó a marcharse.

Después de mirarte en la nada, amando la oscuridad, los días a solas y las noches tristes, tocaste fondo y recordaste que esa vida no era la que querías y tampoco es la que soñaste en tu niñez.

Intentas dejar de ser la víctima para convertirte en alguien mejor para ti; buscas en lo más profundo de tu ser aquellos recuerdos donde fuiste muy feliz; buscas entre ellos todas las palabras que alguna vez te dijiste y que te ayudaron a levantarte del suelo. Ya no quieres volver atrás, ya no resistes otro momento a solas, ya no quieres ir por la vida poniendo excusas e inventando historias en las que te haces creer que no puedes afrontar una situación.

Todo está comenzando a cambiar, ya no eres la misma persona, ya no eres tú quien te dice que no podrás. Ya no escuchas a nadie que no quiera darte un buen consejo y así estás transformando tu entorno. Te miras en el espejo, peinas tu cabello, secas tu cara y sonríes. Comienzas a entender que no vas a seguir en lo mismo de siempre, en apartarte del camino para que otros crucen. Ya no vas a pensar que es egoísta trabajar en ti. Las excusas ya no formarán parte porque a diario te repetirás que ahora eres la prioridad.

Te harán creer que te has vuelto a equivocar, pero lo que no saben es que después de caminar por mucho tiempo a solas, de vacacionar de la hipocresía y despedirte de todo lo que no te aportaba, tu vida dio un verdadero giro. En el momento en que te despiertas, estás en tu cama, un nuevo día comienza y no te quejas, no refutas y no dudas, entonces sabrás que todo será diferente. Una tarea que solo es tuya. No será fácil, pero tampoco imposible. No se trata de que no volverás a llorar, pero te vas a secar las lágrimas y vas a sonreír. No mirarás con tristeza al pasado. Eso no pasará nunca más.

¿Qué es la vida?

Te preguntas y no dices nada.

¿Qué son los miedos?

Aquello que te eriza la piel y te hace temblar.

¿Qué es el amor?

Sonríes y suspiras tan grande e infinito como el universo,
tan profundo y poco explorado como el mar.

¿Qué es estar loco?

Supongo que es no prestarle atención a lo que no
nos hace feliz.

¿Qué buscamos mientras vivimos?

Ser feliz, cumplir nuestros sueños, amar y que nos amen.

¿Qué tan lejos crees que llegarás?

Demasiado lejos. Las excusas son el retoño de los miedos.

¿Sabes nadar?

Si no sabes, puedes aprender. Nada es imposible,
todo es posible.

¿Qué es la traición?

Aquel puñal que te clavan sin avisar.

¿Qué será de nosotros más adelante?

Prefiero que nos miremos en el presente y dejemos que
el futuro llegue.

¿Crees en ti?

Con el tiempo lo aprenderás, confiarás en tu verdad.

Comenzando a tocar fondo

Me senté y solo pensé que la vida se estaba yendo de
mis manos.
El calor en mi cuerpo no quería soltarme,
ni esos recuerdos tristes que apagaron
muchas veces mis ojos y en los que prefería dormir.
Siempre te hablaré de lo que siento
cada vez que ando a solas,
cuando camino sin ningún destino, cuando en mi
mente todo se ha nublado.
Me senté aquella vez, la vida se sentía bastante rara,
todavía lo recuerdo,
fue en diciembre y no quería que nadie
se sentara conmigo.
Solo respiraba, me decía que algo tenía que hacer;
era como estar muy lejos de todo,
en lo desconocido y no sentir nada.
Las cosas habían cambiado,
aquello que me hizo feliz ya no lo hacía,
tampoco quería dormir para olvidar,
ni pasar desapercibido de nada.
No sé si tenía el corazón roto, tampoco si me estaba
ahogando y no me había dado cuenta. No sé si era
solo un drama o realmente algo estaba pasando.
Pero yo estaba ahí, por supuesto que estaba ahí.
Las nubes grises soltaron las lágrimas
y en vez de sentir calor, sentí frío y me sentí solo.
El verano también se despidió, todos se fueron a dormir,
y cada gota de sangre corriendo por mi cuerpo,
algo guardaba.
Era como si las historias que alguna vez le conté a alguien,
pasaron a ser parte de todo.

Me levanté con la manía de irme a otro lugar, a uno donde
nadie me pudiera observar, donde caminaba y hablaba solo.
Algunos me miraban de reojo, otros me miraban a los ojos.
Nadie se atrevió a preguntar qué estaba pasando,
pero no era necesario.
La brisa seguía paseándose de un lado a otro.
Todo comenzó a tornarse oscuro, como cuando el sol
está radiante y de repente la tormenta llega.
Si algo te confieso es que no sentí miedo y
tampoco tristeza. Yo ya no quería estar encerrado.
Quería descubrirme, quería sentir más que eso que
sentimos cuando nos abrazan.
Tampoco quería morir, no quería sentir amor,
si me querían o me odiaban.
Tuve buenas épocas, para qué negarlo.
Tuve buenos momentos, donde reí bastante y me
llenaron de promesas.
Quería multiplicar el amor, hacerlo más grande
y hacerlo más fuerte.
Pero nada es eterno y mucho menos perfecto,
y solo hay que caer una vez más en la realidad que no
siempre el camino por donde vamos nos lleva al destino
que pensamos que nos gustaría.
Yo lo aprendí, pero también lo entendí.
Dejé de pelear con la vida, dejé de pelear conmigo,
dejé de buscar culpables y dejé de juzgar. Ya no estaban
en mí las ganas de querer tener la razón,
solo quería irme del lugar donde ya no me sentía
capaz de sonreír.
También caí, también me sentí morir,
también sentí que me abandonaron,
que me destrozaron sin yo saber qué hice mal.
Busqué las palabras correctas para disculparme.

Tocando Fondo

Sequé mis lágrimas y abrí las ventanas.
Ahí supe que no siempre nos van a querer escuchar;
irse también es un acto de amor propio.
Vaciaron todas mis buenas intenciones,
les dijeron adiós a mis buenos deseos,
solo se rieron y me sentí desprotegido.
Creo que nunca dejé de confiar y de creer que algo
bueno podría pasar.
Solté las anclas hasta que llegaron al fondo.
Hice una pausa y me quedé ahí a solas conmigo, para mí.
Después de caminar, después de sentarme en varios lugares,
me fui a alta mar. Primero le abrí la puerta a mi gato,
y mi perro dormía en su cama. Me fui a acostar
y el ronroneo de mi gato me calmaba la ansiedad;
mi cuerpo no dejaba de vibrar y mi gato estaba
haciendo su acto de presencia.
Me dormí y ya en alta mar. Las anclas en el fondo me
enseñaron que el descanso no está mal; me había exigido
demasiado y estaba agotado.
A partir de entonces todo cambió y cada día es un arcoíris;
un nuevo comienzo,
una nueva esperanza que me sonríe y me dice:
"No tengas miedo de tocar fondo,
y de elegirte cada vez que las cosas salen mal".

¿Sientes que ya tocaste
fondo?

De ser así, hay mucho que
te vas a decir
a partir de ahora.

También entenderás
muchas otras cosas.
Aquí no estamos para
juzgar a nadie;
estamos para aprender.

¿Sientes que es momento de cerrar el libro?

Te diré algo: mejor no lo hagas.
Estamos en alta mar, mi perro todavía sigue durmiendo,
yo aún no despierto y en cuanto a ti,
tus argumentos me indican que tengo que
seguir haciéndote compañía.
Dejemos el miedo, si hay que aprender
a nadar, aprenderemos.

El ruido del trueno hizo temblar la casa

El fuerte ruido me despertó, mi corazón latía rápido, la mañana comenzó a cantar. Creo que llueve desde la madrugada, mi gato está en la orilla de mi cama, mi perro inquieto quería salir porque se está orinando; ya lo conozco, es mi perro. El frío no es normal. Busqué algo que ponerme y aún con sueño abrí la puerta de mi habitación. Miré por la ventana que da al patio de la casa. El agua corría formando pequeños riachuelos, los destellos de luz producto de los truenos no paraban, el sueño ya no va a volver, son las 9:00 a.m. Enciendo mi TV y busco algo que mirar, lo que sea que me ayude a despertar y haga ruido dentro de estas cuatro paredes.

Reviso mi celular y leo algunos mensajes en Whats-App, son mis amigas invitándome a salir. No respondo a ninguna porque no suelo responder mensajes tan temprano por la mañana. Comencé a pensar en los sueños que tuve en la madrugada. Se repiten tanto que me gustaría saber y entender su significado. Algunas veces estoy en el agua, dentro del mar y siento miedo. Otras veces estoy en los cielos, en algún aeropuerto o volando. La única diferencia es que nunca llego a mi destino porque me despierto antes de aterrizar.

"Creo que nunca será demasiado tarde para entender las cosas", digo para mí mismo. Comienza a llover más fuerte y esta vez con mucha brisa. La luz se va y yo me levanto para ir a la cocina; mi café en la greca ha llegado al punto de ebullición y el líquido comienza a subir. Me sirvo una taza, me preparo un sándwich y mi gato comienza a maullar porque tiene hambre. Le preparo su Gatarina y en cuanto a mi perro, bueno, él no quiso salir al patio así que lo llevé a mi baño. Después de un rato, retomo nuevamente lo que

estaba haciendo. Mi desayuno ya está listo y la luz mágicamente regresa, pero yo sigo pensando en lo que soñé. No sé si te ha pasado que tienes un sueño tan lúcido que piensas en él todo el día, así me siento yo. Con casi nadie converso sobre las cosas que sueño. No suelo compartir esa intimidad, no me gusta mostrarme tan vulnerable, no por mal sino porque no siempre saben escuchar y a veces ni siquiera lo hacen.

Estaba en medio del mar, en una pequeña barca y nadie me hacía compañía. El mar estaba tranquilo, el sol y el cielo despejados eran otra cosa; un paisaje tan increíble que solo en mi sueño era posible. Sentía miedo, pero también paz. Supongo que al no entender qué hacía ahí, ningún otro sentimiento salió a flote.

Después de desayunar, tomo una ducha y el día transcurre con normalidad. Al mediodía la tormenta detuvo su furia, pero no deja de lloviznar; el clima es bastante delicioso, como para quedarse en cama y mirar un maratón de películas o alguna serie.

El día se transformó en la perfección porque yo quería estar acostado, supongo que la vida me está regalando un buen momento conmigo en el que me pedía no pensar tanto y disfrutar de las pequeñas cosas; a veces los sueños son solo deseos vagos y otros, simplemente, no significan nada. No hay que dejar que la mente se llene de tantas locuras. Únicamente hay que vivir y quedarnos con lo que nos haga felices, con lo que realmente nos cuide y nos dé lo mejor. A veces por pensar demasiado las cosas, las perdemos de vista o no sabemos qué hacer con ellas.

Si algo he aprendido en todo el tiempo que llevo intentando no morir sin antes ser demasiado feliz es que no tiene sentido cuestionarlo todo. Pero si pienso en las pequeñas cosas que para algunos son tontas, como pasar tiempo con tus mascotas, o contigo, o, por ejemplo, cómo me quedé

mirando el agua mientras corría por mi patio. A esos pequeños momentos me refiero cuando digo que la vida hay que
vivirla, sentirla de verdad y no estar preguntándonos tanto
por qué pasan las cosas, solo hay que dejar que pasen y ser
buenos espectadores.

Yo no sé qué tanto me falta por vivir, soltar, aprender
y llorar; no sé qué tan seguido voy a tocar fondo; cuántas
veces tendré que soltar las anclas y cuántas veces tendré que
hacer silencio para escuchar. Todavía no sé qué tanta gente
voy a conocer, cuántos vasos de agua voy a tomar, cuántos
cafés me quedan por disfrutar, pero de algo sí estoy seguro,
el tiempo que tengo, el tiempo que poseo lo quiero cuidar
con amor y del bueno. No se trata de que seré el mejor, sino
que voy a dar lo mejor para mí y cada vez que despierte por
las mañanas sea con un trueno, sea porque esté lloviendo
o porque la alarma está sonando, voy a entender que yo sigo
ganando porque estoy de este lado con oportunidades que
no voy a dejar ir. Y ojalá tú llegues a esa parte en la que comienzas a recoger las anclas para seguir, porque yo comencé
a hacerlo.

—Tu problema es que haces demasiadas preguntas —me
dijo Marina, apareciendo de la nada.

—¿Dónde estás y por qué no te veo? —pregunté bus-
cándola por todos lados.

—Aquí vamos de nuevo, haciendo preguntas en vez de
vivir el momento —me respondió.

—Marina, pero quiero verte —le respondí en mi necedad por verla.

—No es necesario Jordan, a veces lo importante es escuchar —me respondió.

—Lo siento, supongo que me hice tan cercano al miedo
que siempre estoy en alerta porque hablo a través de él —le
respondí apenado.

—No deberías, lo bueno es que estás aprendiendo a mirar las cosas como son —me respondió con autoridad—. No puedes vivir con miedo siempre.

—Lo sé, solo quiero verte un momento, nada más —le respondí.

—Está bien, voy a dejar que lo hagas, pero quiero que aprendas que a veces las cosas no serán como las quieres o planeas.

—De eso se trata todo esto, supongo, de aprender y, al final, no sé si realmente estoy aprendiendo —respondí.

—No seas cruel contigo, ese es otro de tus problemas, la crueldad y la fuerza con la que te atacas no es normal. No seas así contigo —respondió enojada.

—Es cierto, pero un paso a la vez, tenme paciencia —le supliqué.

—Siempre la he tenido. La calma del mar y el silencio de la noche me relajan —respondió paseando de un lado a otro.

—Eso es algo que yo también quiero, Marina —le respondí.

—Entonces permítete a ti mismo vivir nuevas cosas y escapar de lo cotidiano.

—Este viaje es un escape de mi realidad —le respondí, mientras tanto Lucas sigue dormido.

—Exactamente, vívelo y siéntelo, sin hacer preguntas que no tienen sentido.

—Lo seguiré intentando, lo prometo —le dije sonriéndole.

—No prometas nada, solo deja que pase, por cierto no dejes que Lucas coma demasiado, está muy gordito —respondió acercándose a él sin intención de despertarlo.

—¡Ja ja ja! Eso también lo intento, pero es inevitable.

—Nos vemos luego. Hasta pronto, Jordan.

—Adiós, Marina.

—Por cierto, escuché todo lo que hablaste, sobre el ruido en la casa y ese sueño que tuviste en el agua —respondió y entendí que Marina siempre me escucha.

—No sé qué decir. La verdad fue todo muy raro.

—No hace falta que lo hagas, pero lo has escrito en tu libreta y lo único que diré es: mírate, estás aquí, en el agua.

—Fue un viaje espontáneo que realicé —le respondí.

—Algunas cosas salen mejor si no las planeamos —me dijo alejándose en la inmensidad del mar.

Los ruidos en la casa eran tremendos, estremecieron todo a mi alrededor. Pero hizo más ruido mi conversación con Marina. Puedes pensar que estoy loco, aquí todos lo estamos. Al final, no sé si todo está sucediendo. Esto no es más que un sueño del cual no despierto, pero no importa. Sé que mientras escribo estoy y me siento en el agua, a la orilla de la playa, en el medio del mar, en la habitación del hotel, con Lucas a mi lado.

Algunos recuerdos los escribo para no olvidarlos, para pensar en ellos y para acariciarlos. Algunos recuerdos que escribo en mi libreta o teléfono, los conservo para luego leerlos y anclarme a esta vida, para no pensar y ser egoísta conmigo mismo, para entender qué está bien y que todo o nada cambia, para no odiar y también para no aferrarme a lo que no me trae felicidad.

Marina se ha convertido en mi nueva amiga, aunque ella me ha dicho que lo hemos sido siempre, pero que ahora somos más cercanos porque estamos creando juntos nuevos momentos. Supongo que la vida me tenía preparado esto y aquí estoy, y tú estás conmigo.

Tengo la teoría de que,
al tocar fondo no solo descubriremos
nuevas cosas,
sino que entenderemos muchas de ellas.
Algunas que ya han pasado
y ahora tienen sentido.

CAPÍTULO 2

Sumergiéndonos en el mar de las emociones

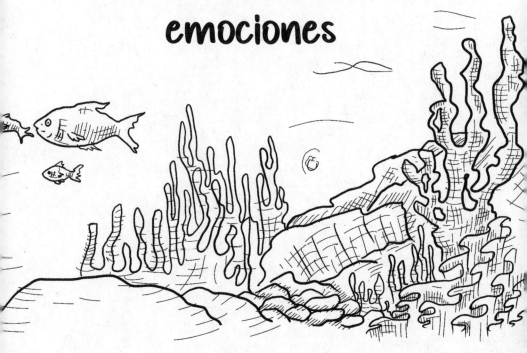

Algunos tienen miedo de enfrentar sus miedos,
y nunca logran superarlos, nunca logran conseguir
el camino correcto que los lleve al lugar correcto para
comenzar de nuevo.

Pero aquí no estamos en un camino.
Aquí estamos tú y yo, a punto de sumergirnos
sin importar las cicatrices,
sin mirar cómo el mundo se nos puede venir encima,
sin importar que los pies nos duelan,
que las manos nos tiemblen.

Estamos listos, tal vez para irnos muy lejos
o quedarnos sentados y que todo pase.

No recuerdo la primera vez que lloré, algunos dicen que fue el día que nací, pero no recuerdo la primera vez que lo hice de verdad, cuando todo se derrumbó, cuando no podía dormir, cuando creí que nada bueno podría pasarme. Estoy sentado en la orilla frente al mar, en un viaje que quise realizar a solas. He dejado atrás a mis amigos y lo han tomado con calma. Todo lo que ha pasado lo quiero mirar como una oportunidad para mejorar. Me gustaría aprender y dejar la rabia a un lado; ya no quiero estar en ese trance eterno de siempre querer tener la razón, aun sabiendo que no la tengo.

La única compañía que tengo es la de mi perrito Lucas. Estas vacaciones surgieron de la nada, no quiero que pienses que es porque me han roto el corazón; no hace falta llegar a ese punto de sentirnos tan vacíos para hacer algo al respecto. Quise irme lejos, desde hace mucho quería hacer algo a solas conmigo. La música en el reproductor del carro suena desde que salí de casa. En el camino hice varias paradas y tomé un par de fotografías. Desayuné por primera vez en lugares desconocidos y se sintió bastante bien. Varios álbumes se reprodujeron en mi Spotify; me gusta manejar con la música bastante alta y sentir que me he desconectado de todo.

Quiero llegar a esa parte de mi vida donde las cosas nuevas dejen de causarme miedo y creo que estoy dando los primeros pasos para lograrlo, porque no hizo falta que hiciera muchas maletas para salir y conquistar nuevos momentos. Traigo conmigo varias botellas de vino que compré en el camino y la primera ya la llevo por la mitad. Lucas está encantado con la vista que tenemos. Es la primera vez que él ve el mar, no hay muchas personas porque la mayoría está en el trabajo y muchos estudiando. Se siente genial hacer este tipo de cosas que, en el pasado, para mí eran imposibles, poco probables y hasta tontas.

Esta noche será la primera vez que dormiré muy lejos de casa, en una pequeña carpa, con la luna sobre nosotros y las estrellas sonriéndome. Será la primera vez que hablaré conmigo y muy en serio, tocando la fibra de mis sentimientos y escribiendo en mi cuaderno de notas las cosas que me llegan a la mente mientras intento llevar a la superficie, aquellas que todavía duelen para, finalmente, dejarlas ir.

Lucas está dormido, abrazado a su peluche favorito de todos sus juguetes, su peluche terciopelo es a quien se lleva a todos lados, lo tiene desde que era apenas un cachorro. Me gusta tomarle fotografías para guardarlas conmigo, e imprimo varias de ellas para tenerlas en mi estudio de trabajo. He adquirido nuevos hábitos a medida que los cambios van surgiendo en mí. Ya no los tomo como un mal presagio sino los transformo en verdaderas enseñanzas. Algunas de ellas son soltar el teléfono y pasar más tiempo conmigo y con la gente que quiero.

Mi mejor amiga Sammy me ha escrito por WhatsApp para saber cómo estoy. La señal es bastante débil pero he logrado comunicarme con ella. Todo está bien, nada de qué preocuparse. Le he dicho que lo estoy disfrutando todo.

—Hey, ¿cómo estás? ¿Cómo va tu viaje? —pregunta Sammy.

—Hola, bebé, todo está bien. La verdad es que han sido días maravillosos, a pesar de que apenas el viaje comienza —le respondo.

—Me contenta saber eso, tengo una duda —pregunta y continúa escribiendo en el chat—. ¿Está todo bien? ¿Hay algo de lo que no hayamos hablado?

—Sí, bebé. Todo está bien —le respondo y le envío un emoji de carita feliz.

—La verdad no te creo, me parece tan raro que te hayas ido así sin decir nada.

—Bebé, confía en mí, todo está bien, ¿sí? —le respondo.

—Bueno, intentaré no presionarte, sé que algo pasa y me lo dirás en algún momento, por ahora disfruta tu viaje y, por favor, no dejes de estar en contacto conmigo.

—Tranquila, yo estaré atento a tus mensajes. ¡Te quiero mucho!

—También te quiero.

Sammy es la persona más pacífica que conozco. Es mi mejor amiga desde la escuela y con el tiempo ha sido de esas personas que saben estar sin necesidad de pedirlo; ella me conoce y sabe cuándo las cosas no están bien. Recuerdo la vez que llegó a mi casa casi en la madrugada, esa noche durmió conmigo. Yo había tenido una semana bastante difícil con mis padres, todo en casa era una locura y quería desaparecer.

He sido una persona insegura, con recuerdos que todavía llegan en la noche a través de mis sueños. He intentado mejorar por mí mismo, hacer las cosas bien y hacer a un lado lo que no puedo cambiar, superar lo que me ha molestado y sanar las heridas que duelen de la nada, pero no ha sido fácil y ha sido un proceso tan largo que he llegado a creer que no voy a lograrlo. Quisiera que todo fuese diferente. No voy a negarlo y no voy a mirar la vida como una montaña rusa, y no convertiré mis tristezas en obstáculos. Confío demasiado en que algún día estaré lejos de todo lo que me lastima, voy a recordarlo y voy a reír. Contaré mis historias no desde el dolor, sino desde el aprendizaje.

Disfruto la compañía de Lucas, lo veo correr de un lado a otro, escarba en la arena y se nota que la está pasando bien. Lucas fue un regalo de amor que me hizo Sammy, hace dos años, por mi cumpleaños. En ese momento sentía que la vida estaba sobre mí, que todo me pesaba, que nada tenía sentido y, si te soy sincero, no sé de dónde provenía ese dolor, no sé si desde dentro, si desde afuera, si no me sentía capaz de

 existir o no me sentía parte de esto, la verdad no sé. Quizás en algún momento puedas entenderme cuando te diga que la existencia puede sentirse como una tortura, una locura o tal vez un viaje. Creo que depende de la perspectiva desde dónde uno la mire y de cómo se sienta. Uno mismo les va dando sentido a las cosas

Consejo inesperado: *Cuando sientas que nada va bien, que la vida ha perdido el color, que por más que lo intentas, fallas, no desistas, no te derrumbes, no te escondas de las posibilidades de encontrar la felicidad y prepárate para volar. Lo que pasa y no pasa son parte de un proceso, son pasajes para algo diferente. Vive ambas y aprende de ellas. Nada es perfecto y no tiene por qué serlo. Solo hay que seguir y ver qué pasa más adelante.*

Quisiera hablarte de la tristeza. Para mí es ese sentimiento de encuentro con uno mismo, te lo digo porque en esos momentos, uno se cuestiona demasiado y piensa muchas cosas. Cada día escribo en mi diario; en mi teléfono; escucho canciones que memorizo cuando no estoy haciendo nada, cuando camino a solas, cuando no quiero a nadie cerca, cuando algo me ha dolido demasiado que no sé cómo controlar lo que puedo decir. Por eso me aparto, no para alejarme y que todo me dé igual. Siempre estoy de vuelta, siempre dejo la última puerta abierta. Creo que soy de esos que poco a poco va cediendo y no siento que me están usando. Siento que estoy en otra etapa, pero no voy a negar que hay cosas que no se pueden tolerar. Estoy listo para cada cambio, para cada fecha del calendario, para mirar la hora en el reloj y decirme, "Todavía tengo tiempo, todavía puedo hacerlo".

La tristeza es mi mejor amiga, no he dejado que me destruya del todo porque ella misma ha encendido luces que creí apagadas, verdades que no había aceptado, sentimientos que seguían escondidos en mi alma y a los que creí haberles dicho adiós. Ella me ha dicho mil veces que tocar fondo no es malo, es entender lo que está pasando, es buscar cómo lidiar con todo y no sentirte inútil por eso. Un día creí que se iría para siempre, pero no fue así. Recuerdo que desperté por la mañana, miré por mi ventana y ahí estaba, sonriéndome para no aterrarme. Me dejó una carta en la que claramente me decía que no tenía por qué tenerle miedo, que ella sería para mí lo que quizá nadie puede ser, ni mucho menos ofrecerme; es el verdadero despertar cuando hay que mover las cartas y seguir con la vida. Nunca se irá, me lo hizo saber y, aunque en momentos de felicidad yo la creo dormida, en algún ladito de mi corazón todavía palpita. Es algo que he ido aprendiendo con el tiempo, con cada sonido incluso, como ahora, cuando las olas del mar llegan a la orilla y estallan.

Se siente bien llegar a esa parte de la vida donde te dices: "Está bien no estar bien".

La dulce vida,
el aroma a café,
los recuerdos que abrazan,
tocar fondo y regresar a la superficie.

Sí se puede.

Mirando las estrellas sobre el mar

Un día todo cambiará, de eso estoy seguro.
La noche ha vuelto a caer, las estrellas me sonríen,
la luna no para de brillar,
el amor se vuelve a acercar a mí.
Quiero darle una oportunidad,
otra oportunidad sin importar cuántas les he dado.
Sigo creyendo en el amor,
en la vida y en las cosas buenas.
Siento que floto, pero también tengo miedo,
me siento en medio del mar,
siento como si la tormenta volviera a llegar.
Observo nuevamente las estrellas e intento contarlas,
son millones y con ellas existo yo.
También son millones los sentimientos
que existen dentro de mí.
No me cierro a la posibilidad de sentir,
no me cierro a la oportunidad de amar,
no me cierro al intento de continuar.
Las estrellas comienzan a caer.
Estrellas fugaces le dicen. En mi cuaderno hay miles
de deseos que están a la espera
que los agarre con mis manos y los sople,
como los dientes de león que soplé en la pradera
cuando era niño, cuando no sabía que el dolor
forma parte de la vida,
cuando no entendía que para crecer
hay que llorar un poco,
cuando no se me pasaba por la mente que algunos finales
te marcan el alma.

No me da pena llorar, por supuesto…
la tormenta ha llegado.
Lucas se acerca más a mí, me mira y me hace sentir que
él está conmigo,
le digo que no pasa nada, que puede dormir.

Dulce tormento

Las caricias de amor han llegado sin que suene
la alarma.
Me he despertado, las heridas siguen abiertas
pero ya no importa.
He escrito cartas que siguen guardadas en la gaveta
pues todavía quedan demasiadas cosas por decir,
pero la tristeza no me permite hablar.
En mi cuaderno dibujo el cielo. Extraño su color,
lo azul, intenso e infinito.
Extraño querer así, en azul aunque nadie entienda,
aunque me pregunten de qué se trata eso,
aunque me miren y piensen que estoy loco,
aunque las veces que he ido al río
y me quedo sin decir nada
me siento perdido. Mi corazón sigue saltando,
buscando alguna casa donde dormir,
una cama donde descansar. Olvido lo roto que estoy,
pero no olvido las coordenadas de los lugares
donde fui feliz.
Sigo abriendo puertas y he perdido la cuenta de las
veces que lo intenté y fallé.
Quiero que todo sea mejor, diferente y desenredar mis
miedos.
Ya no quiero vivir en un vaivén con la marea,
y ya no quiero pelear conmigo,
ni que se me acaben los intentos.
El tiempo baila conmigo, me toma de las manos,
me sonríe. La tormenta ha parado pero yo la vuelvo
a iniciar.
No quiero que se me acabe la vida,
ni que el mundo se me detenga.

No quiero enloquecer, ni contar con mis dedos
para saber cuántos minutos
me faltan para dejar de caminar. Para mí todo vale la pena.
Mi forma de querer es con toda el alma y,
en mis dulces tormentos,
donde me siento tan perdido, lo que he construido
se queda dentro de mi corazón.

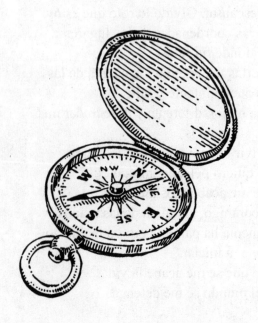

Oscuridad bajo el agua

Algunos recuerdos son fantasmas
que siguen caminando a mi lado.
Tengo la teoría de que siguen ahí
por alguna razón. Todavía no sé
cuál es esa razón, pero me he sentido bajo
el agua cuando duermo a solas,
he tenido pesadillas donde pierdo
la respiración, me he gritado
desde lo alto: ¡DESPIERTA!
Todo abajo es oscuro, así
como la vida de algunos que
al descubrir lo mentirosos que
son, se victimizan y se
pierden en su propia mentira.
He luchado demasiado. He nadado
sin parar. Me he cansado de intentarlo.
He gritado que alguien venga por mí,
pero nadie llega. Nadie está a la altura de lo que soy.

Emociones quebradas

Algo dentro de mí se rompió,
y fue como si finalmente abriera los ojos.
Quise quedarme en casa, quise abrazarme y hundirme
en mi cama.
Estoy cansado de servir amor en pedacitos de tazas
quebradas,
en lo poco que queda después de que me sueltan.
Las emociones se acuestan a mi lado,
siguen conmigo y, de a poquito, apagan el ruido en
mi mente.
Me gusta escribir cuando estoy triste,
porque siento que me digo a mí mismo
lo que me gustaría que alguien me dijera,
pero como no hay nadie, entonces lo hago yo.
Anoche tuve la misma pesadilla de siempre,
en la que caigo y siento miedo,
en donde todo pasa demasiado rápido,
en donde quiero llamar a mi mamá por teléfono
y decirle que me espere en casa, que estoy llegando.
Anoche fue como si estuviera en medio del universo,
sin saber a dónde ir, sin saber con quién hablar,
sin entender qué está pasando.
Dejé abiertas la puerta, las ventanas, apagué las luces,
y la noche también se sintió sola. Creo que nunca
podría inventar
algo que no siento. Creo que en lo que me queda de vida,
no desaprovecharía la oportunidad de hacerlo bien aunque
sea solo una vez.

Abrazos en el alma

Algunas personas llegan y te salvan,
se quedan y se sientan,
te escuchan y aconsejan.
Muchas veces lo hacen desde su propia experiencia.
No sé con cuánta gente rota nos hemos cruzado en la vida,
pero de algo estoy seguro y es de que todos lo estamos.
Hay abrazos que curan, de esos que se sienten reales,
como si nada malo hubiera pasado, como si lo que un día
dolió nunca existió.

No sé qué decirte ahora,
no sé qué quieres oír,
no sé qué tan lejos has caminado.
No sé si ya estás conmigo en la orilla o en medio,
no sé en qué parte de tu vida vas,
pero, mírame, sigo aquí, esperando a que me des tu mano,
y en esos sueños donde no sabes qué hacer,
ayudarte a confiar en que estarás bien.

Las canciones no paran de sonar,
y las conversaciones más incómodas
son las que te hacen entender la realidad,
no desde el odio, sino desde el amor,
de lo que podríamos cambiar para ser mejor.

Te diré la verdad… quiero un abrazo,
uno que me teja flores en el corazón y me haga nuditos
en las heridas que no sé cómo sanar.
Un abrazo que me ayude a perder miedo.

Nadaremos

Quiero que este amor sea nuestro,
que nadie se meta, que nadie entre por nuestra puerta.
Quiero que cuando las cosas oscurezcan,
juntos crear un camino que nos lleve de vuelta
a como fuimos al principio.
No importa si llueve,
no importa si hace mucho frío,
porque si tú quieres hacerlo bien,
yo también quiero hacerlo.

Nadaremos juntos,
nadaremos en lo profundo de lo que somos.
Dejaré que nades en mis sentimientos,
y yo quiero nadar en tu alma.
Conocer tus cimientos,
hablar con tus miedos y pedirles que se vayan.

No será fácil. Para mí nada lo es.
Miro en las imposibilidades oportunidades,
y aunque me crean loco, siempre encuentro
la manera de cómo salir ileso.

Estamos en medio de una tempestad,
tú quieres irte, pero yo no te quiero dejar ir.
Esa pequeña llama que sigue encendida en ti,
lleva mi nombre.

Nadaré por los dos. Cuando falles, seguiré estando,
Cuando yo falle, quiero que estés.

En algún momento
de la vida tocaremos fondo,
pero antes nadaremos
y conoceremos la inmensidad
de nuestro mar de emociones.

Tocando Fondo

Mil veces más

Creo que si me preguntan qué tanto soporto,
no sabría responder. No me gusta mentir,
pero cuando quiero de verdad, las cosas malas
que puedan pasar, no definen mi destino final.

Mil veces iría a la montaña más alta,
mil veces leería los mensajes,
mil veces pensaría en el primer beso,
mil veces creería que podemos cambiar.
Quiero gritar lo que siento,
y no sé si te hice daño o tú a mí.
Pero sé que lo que hubo, fue solo nuestro.

La barrera que hay, la que está ahí frente a ti y frente a mí,
no me deja verte como antes,
no me deja buscarte.
No me permite decirte que todavía te quiero en casa,
que un error no puede manchar tanto amor,
que las noches que se sintieron eternas,
no pueden acabar en un hasta luego,
porque tú para mí sigues siendo
el "para siempre" que cada día quiero conquistar
y si mil veces tengo que decirte cuánto te echo de menos,
mil veces lo haré.

ALEJANDRO SEQUERA

Anclados en la profundidad

Algunos sueños en la noche son tan reales
que no provoca despertar.
Algunas mentiras nos llenan de una falsa felicidad,
y entre lo que uno desea y lo que es verdad,
no sabemos por dónde continuar.

Hoy escribí nuevas notas en mi diario, algunas de ellas son expresándome a solas, en el silencio de la mañana y en mi habitación. Quisiera mirar las cosas de otra manera, una que no duela tanto, pero en el intento de sonreír otra vez, me sumerjo en las profundidades de mi propia tristeza, una que solamente yo entiendo, una que nadie podría soportar. Las personas a veces no están listas para abrazarte de verdad, quedarse contigo más tiempo, decirte lo mucho que te quieren y que no tengas miedo. Eso es algo que hay que aceptar. ¿Cómo? Ojalá pudiera decirte cómo, porque ni siquiera yo lo sé. Pero lo poco que ha pasado y lo poco que he aprendido lo hago a través del tiempo, de mis momentos cuando no hay nadie y mis propios miedos no dejan de perseguirme como si quisieran vengarse. En la parte donde casi me doy por vencido, me vuelvo a levantar y peleo por mí, por mi propia felicidad y porque cada vez que vuelva a caer me digo que podré levantarme de nuevo.

Confío en mi intuición;
algo me dice que todo estará mejor,
no estaremos en una eterna tormenta.
Los días buenos están cerca, aún no sé qué tanto,
pero sé que lo están. Mi madre solía decirme que
las palabras
se las lleva el viento, a mí me ha llevado todo, ya no soy
la misma persona de antes,
porque cada vez más, sigo fluyendo hacia abajo para
tocar fondo.

Mar de lágrimas en tus ojos

Te vio llorar, te vio casi enloquecer,
y a pesar de eso, querías que se quedara.
El amor duele cuando no es como esperas,
cuando lo que creías verdad, es una fantasía,
una que lastima y marchita la realidad.
Las flores amarillas no existieron,
se quedaron en tu imaginación.
Las palabras dulces se amargaron.
Los deseos para un bonito después,
se congelaron de un día para otro.

Navegas en tus propias lágrimas,
pero está bien, porque antes de ahogarte
volverás a ti, la calma va a regresar y ese mismo
mar de lágrimas será un lugar turístico de lo que
tuviste que superar.

Te vio luchar, vio que no parabas de luchar,
vio que por todos los medios lo intentaste,
pero se fue, se tenía que ir y con eso ya no podías pelear.
La despedida es un mar de lágrimas en tu cara,
que no puedes cambiar y que no puedes borrar de tu mente.

Quisiera hacerte un barquito de papel y
pedirte que te montes en él, e irnos muy lejos,
donde las estrellas y el mar se hagan amigos,
donde la luna y el sol, se amen para siempre.

Agua dulce para el corazón

Hoy he hecho algo lindo para mí.
No se lo he contado a casi nadie,
pero creo que por primera vez en la vida he dado un paso
para curar mi corazón. Fui cerca de un riachuelo,
me quité los zapatos y metí mis pies en el agua.
No había casi nadie. Me sentía solo, pero no triste.

Agua dulce para el corazón,
lo que necesito en este instante.
No quiero volver a hablar del "nunca más"
ni del "para siempre". Ya no quiero hablar
de las posibilidades, sino de las oportunidades
que el día me brinda, de cómo el cielo me sigue
pintando los colores, de cómo mi pino cada mañana
me sonríe y cómo, a pesar de que está a punto de llover,
la vida sigue siendo vida en todos sus matices.

ALEJANDRO SEQUERA

Hoy hice algo bonito por mí, aunque al principio tenía miedo de pensar excesivamente las cosas, de querer hacer otras tareas diferentes para distraer mi mente. Te juro que lo intenté, porque nunca me había sentido que lo había dado todo y tanto, entonces me hice la pregunta: "¿Quién hace algo por mí? ¿Quién cuida de mí?". Ya no quiero sentirme egoísta, ni invadir lugares que no debo. Ya no quiero buscar amor donde no lo hay. Quiero encontrarme, quiero seguir nadando, quiero seguir abriendo más espacios, quiero hacer lo que sea por curar mi corazón, porque la próxima vez que me lo rompan, necesito que no duela tanto.

Nuevamente sumergí los pies en el agua.
mi corazón se sentía dulce, la tranquilidad ahora me arropa,
no sé por cuánto tiempo, pero quiero aprovecharla.

Señal de esperanza

La última luz se mantuvo encendida hasta el final,
era como el faro de Alejandría; me guiaba hasta donde
debía llegar.
Quiero confesar que los sonidos me traen recuerdos.
Dentro de mí siempre algo se mantiene encendido,
no sé si por pena, esperanza o estupidez.
Pero ese faro que habita dentro de mí nunca muere,
nunca se derrumba, nunca nadie lo destruye.
Tengo una coraza que envuelve todo mi cuerpo,
y otra que envuelve mi corazón.
Cuando lloro y se derraman las lágrimas
por las grietas que todavía conservo,
el faro se vuelve a encender.
Es que también soy amigo de la esperanza.
A veces no sé si odiarla o comprenderla,
pero en mi necesidad de sentir que las cosas podrían
ser como quiero, me autosaboteo y creo que yo mismo
enciendo el faro porque a algún lugar tengo que llegar;
alguien tiene que salvarme,
alguien tiene que alzar sus manos
para darse cuenta de que estoy cerca de llegar a tierra.
Siempre tendré esa voz dentro diciéndome que
lo lograré,
porque si de algo estoy seguro es que cada vez que una
luz se apaga, otra se enciende.
Nadie me creería si hablo de esto.
Para mí es magia,
pero también es mi manera de convencerme de lo increíble
que soy, y que si alguien se encuentra conmigo
y se queda, es porque ha visto mi faro,
el del amor y decidió arribar con su embarcación y su carga.

No importan las tormentas y los finales infelices,
siempre habrá una luz disponible para mi faro,
porque mientras no se destruya, será un punto
de llegada principalmente para mí.

No es el comienzo, ni el final,
es la continuidad que decides darle
a tu vida cuando tocas fondo,
pero cuando tocas fondo de verdad.

No todas las estrellas fugaces están
en el cielo,
también creo que bajo el agua hay
un par de ellas.
Si encuentras una, sonríe porque
no siempre pasa.
No la saques a la superficie. Pídele
un deseo y despídela
con amor, gratitud y respeto.

Lista de deseos a corto plazo

Sanar todas mis heridas.

Saber perdonar para avanzar.

Encontrar nuevos talentos en mí.

Convertirme en una persona exclusiva.

Transformar mi tiempo libre e invertirlo en amor.

Quedarme con la gente que realmente es importante.

Dejar de ser egoísta conmigo y aceptar que puedo ser feliz.

Aprender a lidiar con mis derrotas.

No enloquecer cuando todo se va al carajo.

Respetarme y establecer límites, es necesario.

Valorar lo que otros hacen por mí, a veces lo olvido.

Despertar cada día con una sonrisa, así sea pequeña.

Soñar cada vez más, en grande y bonito.

Irme a la cama con la idea de que, al despertar, estaré mejor.

No convertir mis recuerdos en un enemigo latente.

Aceptar la soledad como una nueva amiga.

 ALEJANDRO SEQUERA

No morir en el intento de intentarlo.

Escucharme y convencerme de lo increíble que soy.

No reflejar mis miedos y carencias en otras personas
¿Qué culpa tienen ellos?

No tomarme personalmente algunas cosas, bueno, creo
que todas.

Identificar personas que solo están para acabar con mi
paz mental.

Escribir las cosas que no me gustan de mí y sé que
puedo cambiar.

Lidiar con los días malos, son normales; no hay que armar
un caos.

Dejar la manía de estar en guerra conmigo mismo, no es sano.

Y en todos estos deseos, que son muchos, lo importante es
ser feliz. También me gustaría viajar más y así, poder tomar
fotografías de esos lindos lugares que aún no conozco. Creo
que sí se puede. Todo en esta vida se puede.

Cinco consejos sobre amor propio

 **Respetarte**: comienzo con esto porque el tiempo que le dedicamos a las personas que no nos merecen, no lo vale. Entonces lo mejor es comenzar por respetar nuestro tiempo y espacio, convirtiendo todas esas ganas de amar en la fuerza que necesitamos para aceptar que algunas personas no pueden estar con nosotros.

Armarte de valor: al vestirte con la armadura del valor, cambias, pues comprendes que es hora de mejorar, de experimentar cambios reales, de tener esa valentía para decir que has estado llevando una vida turbulenta y que muchas de sus emociones lo mantienen en conflicto y por eso, no eres feliz del todo.

Aceptar que hay cosas que debes mejorar: si sientes que golpeo tu ego con este consejo, vuelve a leer desde el principio. Es lindo cuando llegas a esa parte de tu vida en la que sabes que debes mejorar ciertos aspectos para ser una persona más bonita, sana y segura. Estás trabajando en ti y esa será una de tus mejores inversiones.

No puedes con todo: nadie puede con todo, así que relájate y sé feliz con lo que tengas y con quien estés. No tienes por qué lidiar con cargas que no son tuyas y saca de tu mente que tienes que solucionarles la vida a todos; algunas personas tienen sus remos, que ellos mismos naveguen por su vidas. ¿Quién navega por la tuya?

Vaciar la mochila: esto significa que hay que abrir la mochila, mirar qué hay dentro, qué debe quedarse y qué tienes que sacar. Algunos llevan más peso, otros menos peso, pero tú tienes que pensar en tu mochila. Te lo digo porque más que pensar en los demás, hay que pensar más en uno mismo. Siempre hay que pensar más en uno mismo.

PD: Estos consejos te los doy yo, no los saqué de un libro o algo por el estilo. Te los regalo porque mientras jugaba con Lucas en el agua, lo abracé y comencé a entender un par de cosas. Entre las que acabo de decirte, hay otra y es que tener un perro es increíble, y es amor.

¿Sabes por qué te doy estos consejos? Para empezar, los he escrito en mi cuaderno, pero no lo hice cuando comencé el viaje. Los escribí mucho antes y ahora los estoy leyendo porque siento que es tonto de mi parte no poner en práctica las cosas que me mismo digo a mí mismo. Quizá mis amigos me lo dicen pero no termino de comprenderlo del todo. Por supuesto que hay cosas que tengo que mejorar, tal vez muchas, pero se trata de que estoy en este preciso momento remando a solas, buscando los pedazos rotos bajo el agua, intentando sumergirme sin hacerme más daño, mirando que en esta nueva oportunidad sí puedo hacer bien las cosas; y que cuando la vida se siente demasiado complicada, no tengo que pensar que mi final está cerca porque no es así.

Algunos días se sintieron fatales. Torbellinos de pensamientos nublaron mi mente y, en mi necesidad de sentirme bien, busqué refugio en los primeros brazos que encontré, esperando que todo fuera como yo lo deseaba, porque era como haber inventado un cuento con un bonito final sin caer en cuenta de que la realidad funciona de otra manera. Puedo mover todas las piezas que quiera, puedo encontrar incluso las del rompecabezas y armarlas, pero sé que al lograrlo no me sentiré satisfecho. Puedo cargar con mi peso y el de otros, pero solo por un ratito, porque al final, me voy a cansar. Creo

que a veces olvido que tengo sentimientos, que tengo una vida, que tengo prioridades y me enfoco en cuidar a los demás y dejo a un lado mi cariño y mi estabilidad. Puedo remar todo lo que quiera, pero si no tengo claro cuál es mi próximo destino, me mantendré perdido en la penumbra de alta mar y no habrá nada ni nadie que pueda sacarme de ahí.

Recordatorio: No es el final, continuamos juntos de la mano: remando, nadando… encontrándonos.

La vida puede sorprendernos de
mil formas,
y una de ellas es cuando creemos que
no hay esperanza,
entonces pasa algo, por muy pequeño
que sea y todo cambia.

Algunas personas son esperanza,
se quedan sin importar nada.

Un recuerdo inesperado

Desperté muy temprano por la mañana. Bajé a la recepción del hotel donde me estaba hospedando; uno cerca de la playa porque, como ya saben, hace mucho tiempo quería disfrutar un rato a solas y con sentido. Bajé para preguntar qué tan cerca tenía una farmacia. La noche anterior me sentí mal y por eso no quise salir con Lucas a caminar por la vereda de noche. El hotel me gusta porque admite mascotas y te hacen sentir como si estuvieras en casa. Las comidas y bebidas están incluidas en el precio de la habitación. Además, cuenta con un gran salón para pasar el rato y con una zona para mascotas que hace que Lucas también se sienta bienvenido.

Vestía una playera blanca, shorts cortos y mis Converse blancos ya no tan blancos. A Lucas lo vestí con un suéter a su medida y ligero; ha estado haciendo calor y lo ideal es andar cómodos los dos. Mi teléfono está abarrotado de mensajes, algunos están preocupados porque no ven mi día a día en mis redes sociales como suelen hacerlo y mis amigos más cercanos no dejan de escribirme preguntando qué sucede conmigo. Han pasado cinco días en los que no he puesto un estado en WhatsApp con mis ocurrencias y eso es algo que sé que echan de menos. Me estoy convirtiendo en una persona más exclusiva y he aprovechado el tiempo conmigo; tanto que no siento la necesidad de mostrar todo lo que hago a cada rato y creo que eso está bien.

Al salir del hotel y caminar por la avenida con Lucas, me puse a pensar en muchas cosas. Suelo hacerlo casi siempre. Cuando no puedo hablar y decir las cosas en el momento, las pienso y peleo conmigo por lo que pude haber dicho antes y no dije. Pero eso no es lo que importa. Quise disfrutar de cada paso que daba y saber que la decisión que había tomado era la correcta.

Recuerdo esa vez que estuve caminando junto a un pequeño riachuelo naciente de algún río proveniente de alguna montaña. Era verano y todo estaba seco. Algunos campos de maíz habían sido calcinados por los campesinos para preparar la siguiente cosecha. Un *flashback* en mi mente y fue como si estuviese ahí de nuevo, porque todo era tan real que me daba un poco de miedo. La nostalgia llega de forma inesperada y se planta para no irse, no hasta que le prestas atención y escuchas lo que tiene que decirte.

El último diciembre fue fatal, estuve en casa cenando solo y Lucas era apenas un bebé. Al día siguiente, me fui con él por la mañana a ese campo, un lugar que visitaba poco porque era el preferido de mi madre y desde que no está, no quise ir más. Mientras caminaba hice una parada junto a un pequeño puesto de batidos, dulces y donas. Quería tomarme un café, me dolía la cabeza y me urgía encontrar la farmacia. Le pedí a la chica del puesto un batido de fresa, mi favorito y el que me recuerda a una persona especial que luego de querernos tanto me soltó y se fue.

Continúe con mi travesía y seguí pensando en ese recuerdo inesperado. Aún tengo en mi memoria el sonido del agua; me había quitado los zapatos para caminar en el agua, quería sentir la tierra, las piedras en las plantas de mis pies, quería sentir que estaba vivo y que estaba fluyendo junto con el agua. El sol era intenso, algunos caballos cruzaron el río, uno de los campesinos me saludó y yo le devolví el saludo. Todavía me acuerdo de eso porque está muy dentro de mí. Echo de menos tantas cosas y una de ellas es esa: volver a caminar por ahí y ver cómo está. La sensación de sentir calma a pesar de que nada puede estar bien me abraza mientras camino.

Lucas no deja de olfatear; es demasiado hiperactivo y curioso, pero usualmente lo dejo tranquilo, le permito

disfrutar su propia vida y no lo retengo, salvo que esté corriendo peligro.

Finalmente llegué a la farmacia, encontré el analgésico que buscaba y compré un par de cosas por si las necesitaba. Al salir tuve un *déjà vu*: sentí como si antes ya hubiese estado en ese lugar, fue demasiado raro pero intenté no prestarle mucha atención. De regreso al hotel, caminé por el otro lado de la avenida y me senté un rato en una estación de bus. Los recuerdos de aquella vez, de ese momento, en ese río, no sé porque llegaron de la nada a mí nuevamente, no sé si para decirme algo, o para recordarme que no podía seguir viviendo entre la melancolía y el dolor, que no podía dejar que eso me volviera a destruir y que las cosas que ya sucedieron ahora solo viven en mi memoria. No era sano seguir castigándome así, de nada servía irme lejos si iba a arrastrar todo el peso del ayer, era como estar en una dictadura, con el miedo que no me dejaba estar tranquilo; ni mucho menos aprender de cada proceso por el que atravieso.

La tarde llegó, la puesta de sol me miró, la ciudad y la gente caminando de un lugar a otro era el presagio que la noche no iba a ser para nada tranquila. Me reí conmigo mismo, acaricié a Lucas y no le di tanta importancia. Recordé aquello de poner en práctica lo que pienso, lo que digo y lo que aconsejo, entonces por eso me dediqué solo a vivir ese instante con mi perro y no esperar nada, ni suponer lo qué podría suceder en la noche.

Caminaba por la vereda cuando hice una pausa para mirar cómo la intensidad de la luz del sol, que ya estaba por dormirse, intentaba fusionarse con la grandeza del agua; dos elementos casi imposibles de cruzarse, tal cual pasa con muchas personas y eso está bien. Caminé hasta que me dolieron los pies. Me senté nuevamente sobre la arena, mirando a la nada, dejaba que todo se fuera, dejaba que ese tiempo se consumiera y no enloquecer pensando que podía ver de cerca cómo el sol se escondía entre el agua, suponiendo que estaba a punto de apagarse, e imaginando que el agua calmaba sus propios dolores y le curaba las heridas. Me senté solo a mirar, a no preguntar, a no pedirle al mar que siguiera llevándose aquello que todavía me dolía. No quería faltarle el respeto exigiendo más de lo que ya había hecho por mí. La brisa se sentía a gusto. Muchos barcos de papel se acercaron al muelle y sé que venían por mí. Perfectamente entendía el mensaje: era hora de seguir sumergiéndome más y más en las profundidades de mis propios sentimientos y no evadir las cosas por un tonto dolor de cabeza.

Lucas comenzó a lamerme. Ojalá él pudiera entender lo que ha hecho en mí, ojalá algún día pueda mirar de cerca mi corazón y darse cuenta de las heridas que me curó.

Consejo de amor propio:

Recuerda que hagas lo que hagas,
no siempre vas a recibir lo que estás esperando.
No siempre vas a recibir la respuesta que quieres.
Muchas veces vas a perder, pero es más importante
que las veces que ganas porque, de las malas,
aprendes que no todo es color de rosa,
que el mar también tiene sus tormentas
y que si tú ahora te encuentras en una,
estás muy cerca de salir.

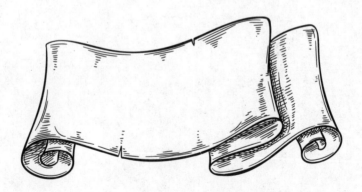

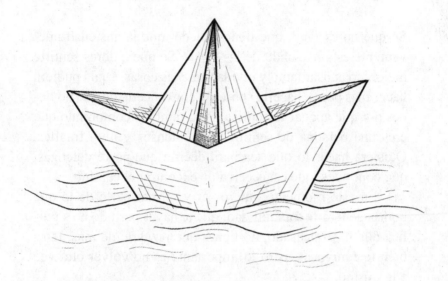

Vámonos en un barquito de papel,
y lancemos al fondo del mar,
las promesas que caducaron.

Carta para los que siguen perdidos

Só que no es fácil, que tienes miedo, que la ansiedad nuevamente está haciendo de las suyas. Sé que quieres sentirte mejor, no pensar tanto y olvidar muchas cosas. Ojalá pudiera hacer más por ti, hacerte sonreír y convencerte de que no tienes por qué apagar tu sonrisa. Pero también comprendo que eres una persona de sentimientos intensos y muy frágiles. Quisiera hacer lo que sea para decirte que no te detengas, que continúes, que estás cerca de encontrar el camino.

En este momento quiero ser y formar parte de lo que podría generarte tranquilidad; que te hayas perdido no significa que has fracasado, no tienes que juzgarte de más; también te equivocas, pero lo importante es no volver otra vez a lo mismo.

Quiero pedirte que te quedes con lo bueno, que el frío que sientes por la tormenta que tienes dentro no va a ser eterno. Se vale llorar, se vale gritar, se vale quedarse en la cama todo el día. Pero no permitas que, por no encontrar el camino de vuelta a ti, te des por vencido. No es justo para ti.

Con amor, Jordan

Carta a los que quieren perdonarse

Te voy a decir lo siguiente para que no lo olvides: el día que despiertes sintiéndote otra persona, cuando te levantes de la cama y finalmente entiendas que la guerra acabó, es porque algo muy dentro se curó. No sabes cómo pasó, ni cuándo, pero lo que importa es que ha pasado y no tienes que continuar con ese conflicto.

Aquí estás leyendo esto y en el fondo de tu corazón brota una flor, la del perdón. Entiendes que perdonar va más allá de pasar por encima de las cosas malas que sucedieron o hiciste, porque ya pasaron y tienes frente a ti los caminos de tu vida. Perdonarse es de valientes, es para las personas que han pasado por tanto, aquellas que a pesar del dolor, no buscaron venganza.

Es de noche mientras tecleo estas cartas. Ha comenzado a llover. Hace un par de días llovió también, pero dentro de mí. Hoy se trata de ti, de que si quieres perdonarte, lo hagas, te permitas hacerlo, te permitas dar ese paso y ser feliz. Piensas demasiado las cosas y eso te hace daño. Sabes que no es sano pero continúas haciéndolo porque la inseguridad sigue sobre tu hombro y no te deja ver más allá.

Algunos por ahí siempre dicen "un día a la vez", pero no estoy seguro de que realmente lo hagan. Otros dicen querer cambiar, pero no lo hacen. Algunos hablan sobre perdonarse pero no lo logran porque la ansiedad lentamente les va comiendo todo por dentro. Contigo será diferente, contigo todo será más bonito.

Te lo digo porque cerraste una puerta y estás abriendo otra. Las canciones que ayer definieron tu historia, hoy te

acompañan de fondo y ya no te sientes triste. Cuando sientas que has perdido, que fallaste o que tomaste malas decisiones, piensa en las veces que sonreíste porque si lo viviste fue por algo.

Date la oportunidad de perdonarte.

Con amor, Jordan

Carta a los que se fueron

Quisiera decir que lo que pasó y el recorrido que vivimos y compartimos nuestra vida, para mí, fue bonito. No puedo decir, en este momento, que quisiera devolver el tiempo, no se puede y no tengo ninguna intención de molestar en lo que haces con tu vida y tu nueva realidad. Suspiro y, mientras observo algunas fotografías, llegas a mí como si mi mente fuese una estación y vas de paso, así de la nada, y no te detienes para saludar.

Hay que tener valor para decirle adiós a quien se quiere demasiado. Hay que tener valor para comenzar la vida sin ellos, de ver cómo lo rutinario que te gustaba, se convierte nuevamente en ti y tu soledad, de encender la TV y ver series a solas, tomar café a solas, hacer tareas a solas, y un día no tener a alguien a nuestro lado. Estando en casa, te decía que no quería irse, que jamás podría hacerlo, que en ti había encontrado la calma.

Se fue, no sé si un lunes, un jueves por la tarde o un martes por la mañana. No sé cuándo envió el último mensaje o el último que he visto, pero se ha ido y no volvió. La vida no se define solo en quién se va o viene llegando, sino de qué haces tú con la tuya y que estás dispuesto a hacer.

Con amor, Jordan

Carta a los que te rompieron el corazón

Quizá la culpa no fue de ellos, ni tuya. Quizá no fue del tiempo o cómo pasaron las cosas; no hablemos de culpables ni de buscar quién tiene la razón. Es cierto que te rompieron el corazón, que por las mañanas a veces sientes que no sabes qué hacer con tu vida.

Nos han roto de mil formas, pero han importado más las veces que hemos sanado, sea a solas o con alguien. Y así, cada vez que logramos sanar, crecemos más. A quienes nos han roto, a quienes con sus promesas nos marcaron para siempre, no hay que recordarlos con odio, no hay que desearles lo peor, cada quien tiene una vida con cosas que resolver.

Comprendo si me dices que te enojas porque las personas son conscientes del daño que hacen y aun así, no se detienen. Yo también creo en lo que dices, porque conozco muy bien la parte donde no queremos ni levantarnos de la cama, donde el apetito es nulo y solo tenemos ganas de dormir.

A los que se fueron y nos rompieron el corazón, no sabemos dónde están y qué es de ellos, pero ojalá logren sanar todas y cada una de sus propias heridas para que consigan a alguien que, al quererlos con todos sus miedos, encuentren la manera de sacar su mejor versión y no sigan dañando a gente increíble.

Todo va a pasar, confía en mí.

Con amor, Jordan

Agradecer por lo bueno y lo malo saca la mejor versión de nosotros. Toma tiempo pero cuando tocamos fondo y abrimos los ojos, sabemos que no es demasiado tarde para intentarlo.

Carta a los que no creen en ti

Soltar y dejar ir, de eso se trata. A pesar de que las historias escritas y los muros construidos te parezcan lindos, hay lugares que no son para ti aunque al principio lo sean. Hay quienes dirán que te creen, estarán ahí, a tu lado; te harán creer que puedes y, aunque sabes que puedes, todas las palabras que te dicen no son del todo ciertas. La duda siempre queda por algún lado, porque no están listos para comprender la persona que eres, porque tú vas más allá, porque tus derrotas no definen tu vida, has aprendido a ganar con lo que sea y te quedas para intentarlo cuando se trata de ti.

A todos ellos, no hay nada más que decirles. Ha parado de llover, podemos salir a la calle, caminar descalzos, o quedarnos en casa y ver alguna serie. Hemos comenzado tantas veces de cero que no vemos con resentimiento a quien un día dijo apoyarnos pero mintió. Somos más que la tristeza de los viernes cuando no hay nada que hacer y tienes que quedarte en casa con tu perro. Pero no está mal eso. Hablo de que vuelves a la rutina y te parece extraño. Te digo todo esto porque sé que piensas en esos amigos que dejaste ir: ya no son necesarios para ti, ya no los necesitas.

A todos ellos, a los que no creyeron en ti, a los que te hicieron dudar y casi tiraste la toalla; a los que se rieron por creer que tu forma de ver la vida es absurda. A todos ellos que se vayan en un barquito de papel muy lejos y que el mar se los lleve lejos de ti, donde tú no puedas ni recordarlos.

Con amor, Jordan

ALEJANDRO SEQUERA

Conectados con el amor propio

He tenido días en los que no quiero despertar, las canciones que describen mi historia, las líneas que parecieran abrazarme siguen durmiendo a mi lado en la inmensidad de mi cama y en la soledad de mi habitación. Me he desprendido para conectarme conmigo, pero no lo he logrado aunque intento no preocuparme demasiado. Quiero aprender más sobre la comprensión, no para otros sino para mí.

Algún día cuando llegue a la isla del olvido,
miraré hacia atrás y no tendré temor de lo que recuerde.
Supongo porque ya no dolerá como cuando tomé
la embarcación,
y aunque di demasiado y no lo valoraron y aceptaron,
trataré de no tomarme como algo personal tal acción.

Le dije a mi corazón que nos equivocamos,
y él insistía que no, que podíamos lograrlo.
Le expliqué que hasta habíamos dejado de sonreír.
Le grité que habíamos sido tontos,
hasta que entendió que era hora de cerrar la puerta.

Prendí una vela para aromatizar la habitación, cerré las ventanas. Por la mañana había llovido y las nubes permanecieron grises. Me fui a la cama, encendí la TV, buscando qué ver. Al poco tiempo me sumergí en la profundidad del sueño, eran alrededor de las 5:05 p.m. y la casa se sentía bastante sola. Mis plantas seguían mojadas por la lluvia. Para distraer la mente corté las ramas de algunas plantas y un par de flores para colocarlas en la mesa de mi comedor. En mi sueño yo estaba en el jardín, sentado cerca de un pino, diciéndome que no podía permitir que yo volviera a decaer, que desde

que él me conoció cuando compré la casa se dio cuenta que yo era un alma de buenos sentimientos y por eso él comenzó a crecer y mostrar su grandeza, algo que no había hecho con los dueños anteriores. Me pidió que volviera a conectarme con el amor propio que sigue en mí, porque siente mi vibra y lo poderosa que es. Yo no entendía nada. Sentía que estaba enloqueciendo, pero no sentía miedo. Para mí no era una pesadilla, era yo en mi propia casa, en la intimidad de mi ser y mi cuerpo, recibiendo ayuda de alguien que jamás pensé que lo haría, mis propias plantas, mi propia casa.

Tendría que buscar nuevamente las coordenadas de mi vida. Mi jardín me ayudó a abrir la puerta y las ventanas hicieron lo suyo. Las plantas que nunca habían florecido, lo hicieron por primera vez y el frío no me molestaba, me gustaba. En medio de mi jardín estaba mi silla, la mesa y una taza de café, ellos me pidieron que me sentara, dijeron que debía descansar, que había caminado demasiado por personas que no eran capaces ni de levantarse por mí. Me senté para contar. Uno, dos y tres, me sentía loco, pero cómodo. "Todo va a pasar", vino a mi mente, la calabaza que tengo en el suelo de adorno, que un artista plástico me regaló, me sirvió el café. El camino que yo mismo hice con las piedras que quité de un marco que da con la entrada a la cocina. Vibraba y, debajo de cada piedra, salían más flores. El viento me decía que se llevaría todo lo malo, yo solo sonreía. El pino bailaba y me daba las gracias porque él escuchaba las cosas que yo le decía, las que lo motivaban a crecer. Me decía que ahora era mi turno, que pusiera en práctica todo lo que a otros les digo, que ya no viva caminando con los fantasmas del pasado y que deje atrás el miedo de creer que no voy a ser feliz.

El pino me explicó que los momentos tristes de la vida son apenas una estación, no una eternidad y que solo hay que buscar la salida y tomar el siguiente tren. De la nada desperté con una sensación de calma pero con miedo. Este sueño no fue como el de siempre, en el que estoy en un avión con destino incierto. No quise indagar más, sino escribirlo para no olvidarlo.

Hoy escribo mi sueño en mi diario, sentado frente a la playa. Lucas está nuevamente dormido. Se siente bien entender muchas cosas, creo que estoy comenzando a lograrlo.

—Me causa mucha gracia que Lucas, la mayoría del tiempo, esté dormido —dijo Marina, apareciendo de la nada, como siempre.

—Hola, Marina hace días que no sé nada de ti —le dije.

—Estaba en mi tiempo de descanso, así como a ti te gusta desconectarte para conectarte, yo también lo hago —respondió.

—Hum… interesante y bueno, en cuanto a Lucas, su pasatiempo favorito, además de comer, es dormir —le respondí.

—No es necesario que me lo digas, es algo que ya sé, es que se ve tan bonito así, que sentí la necesidad de decirlo —respondió Marina, amablemente.

—¿Qué me cuentas de ti? —pregunté con la duda de saber dónde estuvo.

—Bueno, no hay mucho que decir, pero ya sabes, cuando me necesitas tengo que aparecer —respondió evadiendo mi pregunta.

—¿Cómo? No sabía que en este momento necesito de ti —respondí confundido.

—Tú no lo sabías, pero yo sí, a veces no sabemos lo que necesitamos, no podemos saberlo todo —respondió muy segura y continuó hablándome —; las mejores cosas pasan sin esperarlas, así que ahora estoy contigo para ayudarte.

—Tienes razón, solo que es un poco raro —respondí entre dudas—. Marina, no entiendo nada.

—Ese sueño del que hablas y escribes al mismo tiempo me genera curiosidad. ¿De verdad pasó? —preguntó saltando todas mis preguntas y dudas.

—Gran parte del sueño sí, pero hay otras que las escribí porque olvidé lo que realmente sucedió —le respondí sin ánimos de presionarla.

—Me recuerda a tus sueños en el agua —respondió Marina.

—Mis sueños son tan poco creíbles, lo sé. A veces ni yo mismo me los creo —le respondí mirando hacia el horizonte, en esa línea que se crea entre el mar y el cielo.

—Tienes una imaginación tan grande y poderosa que, aún dormido, tu mente sigue creando mil mundos más —respondió Marina convenciéndome de que todo lo que pienso o digo está bien y que no tengo porqué sentirme loco.

—Marina, ¿crees que todo esto al final valdrá la pena? —pregunté.

—No estoy segura del todo, pero has comenzado con esto y debes terminarlo —me respondió.

—Lo sé, pero todavía no respondes lo que te pregunté —la interrumpí—; lo que pasa es que muchas veces siento que no lo voy a lograr.

—De todas maneras, no puedo hacerlo —respondió acercándose a mí —. Soy tu amiga, no puedo adivinar el futuro ni lo que puede suceder más adelante, pero aquí me tienes.

—Hum…, es cierto, me estoy adelantando a hechos que no sé si van a pasar —respondí para luego mirar la hora en mi reloj.

—Es que se trata de eso, no puedes controlar las situaciones, no sé si valdrá o no la pena, pero algo vas a aprender, de eso sí estoy muy segura —respondió.

Nuevamente la confusión ganó espacio, pero Marina me ha enseñado poco a poco sobre la paciencia y no caer en

el caos de lo que no puede ser. Tiene razón cuando dice que hago demasiadas preguntas, lo mismo me ha dicho Samy y hasta mi abuela. De niño fui demasiado inquieto y todavía recuerdo que enloquecía a mi mamá con tantas preguntas.

No sé si estoy armando un rompecabezas, o si estoy acercándome a otro muelle, no sé qué más voy a necesitar para sentirme bien. Tal vez exijo demasiado y lo que tengo en mis manos no lo uso. A veces me siento un cero a la izquierda, otras me siento perdido entre mis propios pensamientos; me siento indefenso como si la voluntad me desconociera y la salida desapareciera del camino. Tengo que reconocer que soy fastidioso y me frustro cuando lo que pensé que pasaría, no pasa.

Marina se volvió a ir. Esta vez no se despidió, no dijo nada. Quiero creer que me está enseñando sobre las despedidas que nadie espera y a las que no hay que darle tanta mente, pero como conservo la calma y sé que regresará, no hago ninguna presión y no dejo que mi mente se llene de locuras. Ya es suficiente con todo lo que hay dentro de ella.

Cerré mi libreta, desperté a Lucas para irnos a la habitación del hotel. Quería comer algo diferente, beber otra botella de vino y escuchar algunos pódcasts que tenía pendientes.

Luz de luna sobre el mar

Algunos tienen miedo a la inmensidad del mar,
yo también, pero me da curiosidad saber todo lo que
podría habitar en él. Ni siquiera la luz de la luna se siente
intimidada por el mar, porque logra alcanzarlo y en
sus aguas
se refleja lo que para mí sería la esperanza de que las cosas
podrían ser mejores, diferentes y hermosas.

Aquí, allá y en donde sea, siempre quiero tener a mi lado
la luz sobre mí, que el tiempo baile conmigo,
que la locura no me olvide,
y aunque la vida se me acabe en algún momento,
quiero sonreír hasta sentir que nada malo pasó.

Algunos creen que exagero cuando hablo de cómo
me siento.
Es bueno irse, sea lento o rápido,
pero irse para hacer las paces con uno mismo
y no volver a cometer los mismos errores, ni caer
en los mismos huecos del ayer.

La luz de la luna sobre el mar me susurra,
la luna llena me mira y crecen flores en mis heridas,
y no le digo a nadie, salvo escribirlo porque, en mi propia
soledad y locura, yo entiendo de qué hablo.
Solo yo entiendo por lo que estoy pasando.

Tengo un montón de libros en mi casa y yo aún
no encuentro
la respuesta de por qué te fuiste.

Ruidos en el alma

Quisiera prenderles fuego a todas tus dudas,
irme contigo las veces que sientes miedo
y enseñarte lo que es ser leal.
Quisiera que te quedaras,
quisiera que lo intentaras,
quisiera que aprendieras a confiar.
Me gustaría enseñarte cómo soy,
abrirte las puertas de mi alma
y decirte que siempre estaré ahí.
Dibujaría una sonrisa para ti,
pondría música para callar el ruido que tienes en tu alma.
Yo sé que has pasado por mucho,
te han golpeado las mentiras de quien juró amarte y
no te cuidó.
No hace falta guardar un secreto más, no hace falta ocultar
cuánto te quiero,
no hace falta buscar razones para demostrarte
lo que siento.
Pero si hablo de mí, también tengo mucho ruido,
pero quiero hacerlo, atreverme y hacer realidad
lo que sueño,
ir más allá de las expectativas y lo que escribo
en las cartas,
quiero hacerlo realidad. Podría decirte que te llevaría a la
luna o traerla a casa,
pero mejor me quedo en la cama a tu lado y te abrazo hasta
que tu corazón
sienta calma y no le dé pena de sonreír también. Y si vuelvo
a caer, estoy listo.
Siempre estoy listo para caer. No quiero rendirme aún,
no quiero tirar la toalla, no quiero dejar de remar hasta

llegar a ti. No siento que la vida se me vaya contigo, tampoco siento que el tiempo lo he perdido. Todavía no siento que debo irme por otro mar para encontrarme, porque las veces que despierto y me veo en casa, llegas tú con tu sonrisa y reparas lo que nunca rompiste.

Secretos del ayer

Siéntate a mi lado y cuéntame por lo que pasaste,
miremos al cielo y que nos acompañe el silencio si
de primero
eso es lo que quieres. Te preparaste para un largo viaje,
tu equipaje está listo, el itinerario lo tienes a tu lado,
pero no te atreves, no quieres irte porque sueñas con
el poquito más,
el de seguir, el de insistir, el de quedarte esperando.
Hay secretos que a nadie le has contado,
noches en las que dormiste a solas queriendo un abrazo,
tardes en las que rompiste tu ser y nadie estuvo para
recoger tus pedazos.
Improvisaste tu felicidad, postergaste tu libertad,
pero no tienes la culpa, nadie te enseñó cómo irse cuando
por el lugar donde ibas, no te llevaba a ningún lado.

Te vas a ir y aquí seguimos, acostados sobre el pasto
mirando al cielo,
tú hablas yo te escucho. Me recuerdas cuando yo lo di todo,
y no vieron que lentamente mis heridas se fueron abriendo.
Es que nadie tiene un manual de cómo amar, de cómo
hacerlo bien.
Nadie quiere irse sin que lo amen de verdad,
pero cuando lo tienen, cuando creen que no se irá,
cuando lo tienen tan cerquita no lo saben valorar.

Todos tus secretos los podemos lanzar al mar,
aquellos que solo tienes tú, en tu libreta, bajo tu almohada
y pedirles deseos a las estrellas, no solo a una. A todas.

Cambiando tu vida

No sé si tengo la respuesta que buscas, pero aquí estoy,
Si quieres irte a la cama para dormir y no pensar, hazlo.
Si sientes que lo diste todo y no lo vieron, no te reproches,
tú eres así.
Si enciendes la misma vela y se apaga, no te preocupes,
quizá todavía llueve dentro de ti.
Si llega el fin de semana y nadie llega a casa,
no tengas miedo, todo va a pasar.
Si el domingo despiertas y en tu corazón sigue
la tormenta,
no lo regañes, deja que llueva, que el agua se lleve todo
lo que siente.
Si por la tarde sigues en cama, no mires tu celular,
enciende la TV y mira alguna serie.
No te lastimes leyendo viejas conversaciones,
convéncete de que el final está llegando.
Si no te enviaron un mensaje, el silencio y la situación
lo es.
Quizás llegó el momento de cambiar las cosas,
el de mover los muebles y barrer el polvo,
de guardar su ropa y sacarla de tu clóset.
Si las ganas vuelven, no hagas la llamada.

La alarma pronto sonará, mejor pensar más en ti que
en otros,
hacer planes para ti, escribir cartas para ti.
Te arriesgaste demasiado, pero eso no te destruyó.
Quisiera cambiarte la vida, abrazarte y que sientas
seguridad,
todos hemos estado perdidos. Yo sigo navegando,
pero todavía

el tiempo no se me ha terminado. Sé que nada volverá
a ser como antes,
pero la esperanza que tengo es la de sonreír y que nadie
nunca más,
la vuelva a apagar. Ni la tuya.

No quiero hablar de culpas, ni de apegos, no quiero hablar
del ayer, ni del pasado. No quiero hablar de lo que ha salido
mal o de las veces que no lo logré. No quiero seguir satu-
rando mi mente, ni desteñir el color de mis próximos días,
no quiero morir en el intento ni perseguir lo que no debo.
No quiero sufrir por sufrir, no quiero ahogarme en la orilla
después de nadar tanto, ni que prendan fuego a mis cartas,
no quiero quedarme para siempre en la incertidumbre de lo
imposible, ni amanecer nuevamente en el olvido al que algunos me lanzan después de amarlos tanto, no quiero hablar
demasiado ni pretender que se queden por mi necedad de
sentirme admirado.

No quiero irme lejos, no estoy huyendo, tampoco nadie me está persiguiendo. No quiero ir por la vida creando
caos innecesarios, ni armar dramas donde no hace falta. No
quiero escuchar canciones que describan mi tristeza, ni tomarme un café sentado en mi habitación a oscuras. No quiero escribirle cartas a quien no puede cuidarlas, ni dedicarle
tiempo a la monotonía. No quiero hacer de mi vida un papel
arrugado y olvidado, ni ocultar mis heridas con pequeños
gestos de amor que el viento se llevará. Quiero algo más real
que despertar por la mañana y descubrir una vez más que
sigo de este lado. No busco el protagonismo de todas las
historias, lo busco en la mía porque de eso me encargo yo.

Tal vez no he viajado por el mundo entero y quizá nunca
lo logre, pero amo soñar con la idea de un día despertar en

Venecia. Quiero soplar muchas velas en mi cumpleaños y en Navidad regalarme los regalos que nadie me dio. Quiero probar nuevas comidas, nuevos licores y, si es necesario, nuevos amores que me sigan despertando, porque la distancia entre la fantasía y la perfección cada vez es más corta y lentamente entiendo que la vida no es como la imagino. No sabría decirte por qué tengo la manía de pensar que las historias no tienen errores y que los malos momentos son solo pesadillas. No quiero decirte que soy inocente. Reconozco mis propios errores, los mismos que no quiero repetir ni hablar de ellos, los que un día se fueron hasta perderse en la línea del horizonte.

No quiero quedarme sentado
en el pasado,
ni dejar que todas las tormentas
me destruyan,
he vivido demasiadas cosas que
me hacen
creer que no las merezco, pero por alguna
razón tengo que vivirlas y qué más da,
las enfrento.

Otra lista de nuevos hábitos

- Dejar de hacer demasiadas preguntas.
- Experimentar sin miedo a la felicidad.
- No caer en el abismo de la duda.
- Soltar mi teléfono y vivir.
- Disfrutar el tiempo con la gente que me ama.
- Escuchar canciones cuando esté triste, pero no morir.
- No culpar a mi pasado ni al tiempo de nada.
- Comer nuevas comidas.
- Dejar el miedo, el estúpido miedo.
- No buscar lo que no se me ha perdido.
- Dejar de pensar en personas que ahora solo están en el pasado.
- Amarme cada día más.

En esta lista de nuevos hábitos quiero que agregues cinco más, de esta forma sentirás que la lista es completamente tuya. Yo te la comparto con la intención de que sigamos aprendiendo de esto. Si piensas que es necesario cerrar el libro aquí, está bien. Puedes abrirlo en otro momento, cuando gustes, cuando sea necesario.

No me queda de otra
más que vivir,
más que ser feliz.
No me queda de otra
más que convencerme de que
si todavía estoy aquí tengo que seguir.

Otro día de locura y reflexión

Estuve hablando con mi abuela por teléfono, me preguntó cómo la estaba pasando y qué novedades tenía. Mi abuela, junto con mi madre, han sido mi lugar seguro desde que nací. Con ellas he aprendido tantas cosas en la vida, pero reconozco que hay otras que tengo que aprenderlas solo. Le conté varias cosas que me sucedieron en el viaje y una de ellas fue el recuerdo de aquellos días en los que estuve en uno de los lugares favoritos de mi madr. Ella me decía que lo más seguro era que mi mamá estaba conmigo, que, de alguna manera se hacía presente y que solamente la recordara con amor y no con tristeza. A ambos, la ausencia de mi madre nos ha afectado, pero siento que a ella más. A veces, por la madrugada, cuando de la nada despierto, la escucho hablar sola sollozando lo mucho que la echa de menos, que no debió irse primero, que no debió romperle el corazón de esa manera.

Todo ha marchado bien, le cuento, pero no le menciono que yo también he tenido días en los que ya no quiero seguir luchando y enfrentando la realidad, que la razón de este viaje era para estar lejos de todos y no responder preguntas a las que no tengo respuestas. Quiero mantenerla tranquila y que ella no se preocupe por mí. Le envié por WhatsApp varias fotografías de Lucas dormido y algunos videos de él corriendo por la playa, me preguntó cuándo volveríamos y le dije que pronto, que no olvidara tomarse los medicamentos y descansara.

El pasatiempo favorito de mi abuela es preparar su café por las tardes con una pizca de canela y luego sentarse a pintar *mandalas*. También cuida sus plantas, ve sus programas favoritos y a veces sale con sus amigas para jugar cartas y dominó. Le volví a recordar que pronto volvería, que solo tenía que esperarme porque le llevaba muchos regalos; adora la artesanía, le llevo un par de adornos para la cocina, nuevos blogs de mándalas y dulces artesanales. Mi abuela olvida muchas de las cosas que le digo, por eso siempre tengo que repetírselas y hasta las escribe en su cuaderno, que suele olvidar dónde lo guarda.

Al colgar la llamada, me quedé en silencio, desde el balcón de la habitación, mirando el mar. Puse mi teléfono en la mesa de noche, me dirigí al baño para darme una ducha y solo pensaba en la rareza de la vida, en las cosas inesperadas que pasan, en cómo podemos conectar con personas y cómo esa conexión se pierde dejándonos vacíos, pero también llenos de dudas. Entiendo que todo es estacional: los momentos, los pequeños instantes, pero no dejo de hablar conmigo mismo sobre esas cosas que quise que fueran diferentes. En mi mochila, dentro de mi diario de notas, conservo una foto de mi mamá porque, si algo creo, es que ella siempre me acompaña a donde sea que voy. Cuando compré mi primer automóvil, días después soñé que ella iba de paseo a un lugar desconocido, pero estaba ahí conmigo como señal de que, aunque no la veo, ella sigue estando.

Disfruté la ducha, me vestí y me senté un rato en el balcón. No tenía muchas ganas de bajar, faltaban pocos días para regresar, pero quise quedarme y reservé la habitación por más tiempo, así que no me preocupé por el regreso; una pequeña mentira a mi abuela y a mi mejor amiga no las iba a lastimar, sé que comprenderán más adelante.

Miré los estados de WhatsApp y me encontré con los de mi abuela, había subido un selfi con Lucas que yo le envié; adoro a mi abuela y espero que me dure por mucho más tiempo, hay muchas cosas que quiero vivir con ella y siempre que tengo la oportunidad le pregunto sobre mi madre, sobre todo en esos tiempos en los que yo aún no había nacido. Ella tiene la costumbre de contarme las mismas historias y mostrarme fotografías de cuando mi madre era una niña, algo que

no me aburre porque tanto ella como yo disfrutamos hacer eso juntos. En su anterior cumpleaños mi abuela no tenía idea de que le había mandado a pintar un cuadro de mi mamá con un artista plástico que conocí en una convención de artistas, pues me enamoré de la técnica que usaba. Ella suele decirme que en mis ojos encuentra a mi mamá, yo le digo a ella que en cada una de las historias que me cuenta yo encuentro a mi mamá y el timbre de su voz retorna a mi cabeza.

Mi teléfono sonó, no quise atender la llamada, pero insisten demasiado y tengo que hacerlo. Es mi mejor amiga del otro lado, me pide que la atienda, la verdad no quiero hacerlo; estos días en la playa los he disfrutado bastante, tengo la muñeca repleta de pulseras que he comprado, en su mayoría busco las que representen el agua, la pureza y la libertad. Luego de un rato decidí atenderle, me disculpo y le explico que estaba en una llamada con mi abuela. Ella solamente me había llamado para decirme que estaba loca porque regresara, que se sentía aburrida y necesitaba a su cómplice.

Desde el balcón con vista al mar, le presumía de mis pequeñas vacaciones, la gente guapa que veía en la calle y los atardeceres que en ningún otro lado había visto, demasiado mágicos e irrepetibles. Tomé muchas fotografías para enviárselas y, para calmarla, le dije que estaría de regreso la próxima semana. Ella supo entender, no quiso indagar más. Ya me conoce y sabe que no me gusta que me pongan entre la espada y la pared.

Nada más quería mantener la calma, respirar tranquilo y disfrutar los días que me quedaban en la playa; no quería hacer más planes de nada, lo único que necesitaba era quedarme con Lucas en la habitación y eso fue lo que hice. Todas las cosas que han pasado las he ido procesando para mí. Muchas veces he pensado hacer las cosas con amor, pero en ocasiones pierdo el control y no quiero intentarlo más.

Estuve escribiendo cartas antes de dormir, de cómo me sentía y cómo para mí la vida ha sido un cúmulo de cambios que me llevan a pensar que todas las cosas que me han pasado son por algo. Siempre lo he pensado, nací para cosas extraordinarias, pero pierdo el enfoque y me dejo invadir por la tristeza. He soñado seguido con el agua; con estar dentro del mar, en alguna lancha y son cosas que quisiera entender, porque por algo lo sueño. Quizás esos sueños son deseos que todavía no descubro, pero con el paso del tiempo sé que los entenderé.

Quiero creer que soy una persona con hermosos sentimientos, me lo han dicho casi siempre, pero no me termino de convencer. La inseguridad ha ganado todo el terreno de los lugares a los que llegó, pero sé que poco a poco dejaré de pensar en eso y seré feliz porque es hora de serlo.

Miro mi celular y entre todos los mensajes de WhatsApp hay uno especial, el de mi abuela, diciéndome que soy hermoso, que mis sentimientos son únicos y que muchos no ven la vida como yo la veo. Que admira mi valentía por siempre querer conquistar lo que para otros es inalcanzable o un reto, que siempre voy por más, que a pesar de los miedos, no dejo de intentarlo y que no permita que nadie ponga en duda lo que soy, lo que represento y, sobre todo, que nací para emprender cosas maravillosas. Una de esas cosas es ser su único nieto al que ama con locura, que sabe que mamá ya no está, pero que en ella siempre la puedo encontrar.

Le respondí diciéndole que ella es de mis personas favoritas junto con mi madre y que tenerla aún conmigo, todavía me hacía ver linda la vida. La ausencia de mi madre me ha marcado para siempre, son muchos planes los que tenía con ella y, de repente un día, todo se fue por la borda.

El día finalizó, la noche nuevamente llegó, cerré las persianas, encendí la TV, Lucas a mi lado, apagué mi teléfono y puse una película hasta quedarme dormido.

Y no, no tuve otro sueño. El cansancio fue tanto que no hubo tiempo para explorar mundos en la madrugada. A la mañana siguiente desperté y fue placentero hacerlo, no había dormido tan a gusto en semanas. Entre las cosas del hogar, la universidad y ayudar a mi abuela, siento que no he estado descansado bien.

Lucas estaba en el balcón cuando desperté, movía su cola y algo me decía que necesitaba bajar con urgencia para hacer sus necesidades. Me puse lo primero que encontré, mis zapatos. Ni siquiera me puse el reloj, dejé mi celular y bajé con Lucas. Llevaba mi cabello despeinado y hasta dejé mis lentes, pero no me importó.

Caminé con Lucas por un parque cercano, recogí sus heces fecales y dejé que corriera un rato para que se ejercitara, el día estaba un poco nublado así que el plan de volver nuevamente a la playa, lo tendría que cancelar. Tenía la ilusión de conocer una isla en la que los turistas podían acampar y pasar la noche, ese plan quedaría para el día siguiente, si el clima mejoraba.

Volvimos al hotel, me acosté nuevamente con Lucas a mi lado. El plan de estar en cama un rato más me gustó y eso hicimos sin sentirnos culpables. Desde que mi perro llegó siendo apenas un bebé, entendí que adora dormir, así que lo dejé tranquilo y me le uní.

Quiero más cosas para mi vida, quiero conquistar nuevos lugares, no estar triste sin razón, no sobrecargar mi mente, solo existir a plenitud con la certeza de que sabré aprovechar lo que vendrá.

Nota escrita en mi diario luego de volver a pensar en mis ganas de viajar mucho más lejos.

Cuando esté en Nueva York o Madrid,
espero que la vida me sonría tanto que
no recuerde las veces que lloré y las que tuve
que aprender a nadar para no ahogarme.

Y si paseo por París,
que las flores sigan cayendo sobre mí,
que con ellas me quedo yo.

CAPÍTULO 3

Anclados en las profundidades del amor

Pasará el tiempo y la magia seguirá de nuestro lado. Vamos a perder muchos juegos del destino, pero eso no cambiará las ganas de continuar descubriendo quiénes somos. Hemos cambiado, los caminos que nos han llevado a muchos lugares, nos han transformado. Todo lo que hicimos y las canciones que todavía nos acompañan no van a soltarnos.

El sol duerme, pero al día siguiente volverá y nosotros también. No hay tiempo para lo que no podemos controlar. Ya no hay tiempo para seguir perdidos buscando amor donde nunca lo hubo.

Es hora de querernos a nosotros mismos con paciencia y con locura, y que nunca más dejaremos que nada ni nadie nos destruya.

Otra vez sientes que estás cayendo, que la locura por volver a lo mismo te habla muy cerca de los oídos. Llamadas que quisieras hacer con la esperanza de que la respuesta del otro lado sea la que estás esperando, pero aquí vengo a decirte que no lo hagas, que no es necesario y no hace falta.

Hemos nadado bastante, tal vez no lo suficiente, quizá no hemos llegado a lo más profundo, pero si me lees justo en este momento, es para decirte que no lo hagas. Mejor ponte tus gafas para ver bajo el agua y vivir la experiencia de descubrirnos a través de los miedos y el dolor.

Di una larga caminata por la orilla de la playa, no había muchos turistas porque era temprano. Además, era un día entre semana y la mayoría estaba en horario laboral, otros en la escuela y en la universidad. No tuve una buena noche, las pesadillas nuevamente se hicieron presentes, una tras otras y sentía el miedo desde la punta de los pies hasta la cabeza; sentía que estaba otra vez cayendo al abismo. Un bajón emocional en medio de la madrugada y no entendía el porqué. Los días habían transcurrido con total calma. El viaje me generaba mucha tranquilidad y además tenía muchos planes aún por hacer, pero la noche se tornó más oscura de lo que ya era.

Solté a Lucas para que caminara libremente, mientras tanto yo caminaba descalzo, sintiendo la arena húmeda. La brisa era fría y el sol no había salido por completo. El cielo estaba un poco nublado. A lo lejos se podía ver el reflejo de los barcos que estaban llegando al puerto, las gaviotas por todos lados y algunos vendedores ambulantes que desde temprano ya estaban en aquel lugar. Creo que algunos duermen en la playa. Supongo que viven cerca y les gusta disfrutar la soledad de la noche y oír, en plena oscuridad, las olas romperse en la orilla de la playa.

Disfruto mucho caminar por la playa mientras escucho canciones que me recuerden que todo lo que estoy haciendo es para encontrarme a mí mismo. Algunos piensan que esto podría ser algo tonto o que lo hago para llamar la atención, pero hablan desde la arrogancia y sus propios miedos. Nunca se atreven a hacer algo diferente. El mundo podría caerles encima y ellos buscarían a quién culpar.

Marina no se ha vuelto a cruzar conmigo. No la he visto más y no sé dónde estará, o tal vez me ha dado mi espacio para seguir pensando, seguir descubriendo y seguir sanando. Escribí una nueva lista de hábitos en mi libreta para leer cada vez que sienta que estoy cayendo de nuevo. La noche fue larga. Lucas sí durmió a gusto, como siempre. En la mañana me despertó lamiéndome la cara; cuando finalmente logré quedarme dormido, él insistió en despertarme hasta que lo logró.

Quedan muchas cosas pendientes. Los días no están siendo como esperé, porque ha estado lloviendo y mis ganas de conocer la nueva isla se sigue alargando para días después. Espero lograrlo antes de regresar a casa, porque me han dicho que el lugar es hermoso y que el arrecife de corales hay que conocerlo porque es fantástico. Nunca he ido a uno y me hice la promesa de visitar nuevos lugares para disfrutar y entender que eso es la vida. No encerrarme en una habitación, postrado en mi cama, creyendo que todo pasará si me quedo ahí.

Te he hablado del miedo, siempre hablo de él porque es un sentimiento tan humano que lo único que busco es que tú puedas entenderlo a través de lo que te voy contando. Es normal sentirlo, no debes sentirte triste o mal por ser una persona temerosa, al contrario. Te dije desde el principio que seríamos grandes amigos.

Una vez le pregunté a mi madre por qué me había puesto Jordan. Ella me contó que cuando estuvo embarazada de mí, hizo un viaje a Puerto Vallarta, México y, entre todas las cosas que vio, estaba ese nombre en un pequeño anuncio. Se trataba de un pescador muy conocido en el lugar. El nombre le llamó la atención, pero quería saber su significado. Ella siempre quería saber el significado de todo. En pocas palabras el nombre interpreta la fluidez hacia el fondo, y por eso me puso así. Le atinó porque desde pequeño mi curiosidad invade lugares que jamás pensé explorar y, a pesar de que me aterran las nuevas experiencias, nunca escapo de una.

Uno de mis sueños es conocer Puerto Vallarta. Quiero hacerlo muy pronto, pero por ahora, me siento a gusto con lo que he ido logrando a través del tiempo. Sammy no ha dejado de escribirme para saber cómo estoy. Apenas desperté, le envié un mensaje de cómo me sentía, cosa que no haría con mi abuela para no preocuparla.

Caminando por la playa miré cómo las huellas de mis pies que se marcaban en la arena, las borraba el agua y yo

solo quería, de alguna manera, que el agua también borrara aquellas huellas que todavía conservo de personas que estuvieron en mi vida y se fueron. Es una locura decirlo, pero a todo intento sacarle un lado positivo, mágico y bonito.

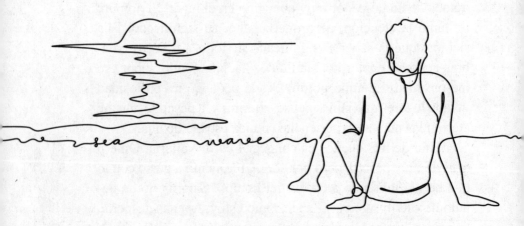

Cediendo

Me he sentido indefenso, con falta de voluntad,
y muchas veces me siento a la deriva.
Pero algo me dice que, al encender la radio,
la próxima canción me va a encantar.

Me estoy dando la oportunidad de ceder.
No quiero pensar que soy un perdedor,
pero todo lo que he vivido me ha llevado a creer
que mi destino feliz se acerca.

Lugares a los que he ido y no pienso volver,
preguntas sin sentidos y tiempo perdido
que ahora vive en el espacio del universo.

Fui amante de la soledad y con ella descubrí
que nada quedó perdido, que las veces que dije
adiós y me soltaron, no me destruyeron, aunque al principio
creí que así fue.
Amores que fueron dañinos pero necesarios para ver
la otra cara
de la vida, donde las ilusiones pueden elevarte,
pero lanzarte al suelo al mismo tiempo.

Nos hemos quedado enredados, saturados y lastimados.
Las horas han pasado, el sueño se ha marchado,
y la alarma no para de sonar.
Pero nada de eso importa,
seguimos cediendo,
casi locos, casi sonriendo otra vez.

Sin miedo al presente

Abrí una nueva puerta; las otras las cerré.
Ya no tengo esperanza de mirar qué hay en ellas.
Mi corazón se ha equivocado nuevamente,
pero hemos abierto la puerta del presente y no tenemos miedo.
Nos estamos enamorando de la vida, de lo que puede pasar, de
lo que podemos alcanzar, de las cosas nuevas que van a llegar.

No hay miedo por ahora,
No hay miedo por abrir también otra ventana y mirar qué
hay afuera.
La oscuridad se quedó en casa un ratito.
La almohada en mi cama también lo hizo.
No lo vamos a dejar de intentar.
Si hay que correr, lo haremos,
pero no vamos a retroceder,
porque cuando caigamos al suelo,
nos vamos a levantar. No vamos a dejar que nadie
apague nuestro brillo y el monstruo que alguna vez
nos intimidó y nos mordió los pies en la punta de la cama,
lo patearemos y lo mandaremos lejos.
Abriremos las puertas que sean necesarias.
Nos sentaremos en cualquier lugar al que lleguemos.
Reiremos con gente desconocida, escucharemos nuevas
historias,
seguiremos amando con mucha intensidad y, aunque el sol
nos queme la piel por unos segundos, no tendremos miedo.
Le dejaremos eso a los cobardes, a los que son incapaces
de intentarlo,
a los que solo buscan culpables y no son responsables de
sus errores.
Dirán que estamos locos, pero no importa.

ALEJANDRO SEQUERA

Ventanas del ayer

Hay cosas que me gusta hacer cuando estoy solo,
como mirar por mi ventana los árboles de mi casa.
Cuando llueve, mirar cómo las gotas llenan todo el patio.
Hoy quise quedarme en casa. Los planes de salir a la calle
los hice a un lado. Todo el tiempo que necesito para mí
todavía está a mi lado y es algo que quiero disfrutar.

Quiero mirar mi cara en el espejo y no olvidar dónde
estoy parado.
Cuando hablo del ayer, ya no lo hago con la misma
nostalgia de siempre,
sino que lo hago con la alegría de que puedo hablar
de él porque sigo aquí.
Ya no quiero escribir sobre lo trágico que uno se siente
cuando el amor
nos rompe las paredes del corazón, cuando nos quedamos
sin aire,
cuando el apetito se marcha, cuando estar en la cama
es mejor
que salir a caminar por ahí. Ya no quiero mentir
diciendo que
estoy bien cuando no es verdad.

Las ventanas del ayer las he pintado en mis paredes,
en un carrusel de sucesos que se interponen en
mi presente,
me hablan al oído para recordarme que estuve ahí antes,
que logré salir y, aunque he fallado de distintas formas,
no tengo que soportar el peso de sentirme juzgado
por nadie.

Hay días en los que despierto con ganas de sobrevolar
el mar,
y ver cómo en esa inmensidad azul los recuerdos flotan,
y cómo otros siguen cayendo a lo profundo.
Quisiera surfear en mis sueños,
quisiera alcanzar la estrella marina,
quisiera dibujar otra ventana, una donde lo que sea
vea afuera,
mi nueva casa.

Luna, no me abandones

Le escribí una carta a la luna y no me respondió,
no me lo quise tomar como algo personal. Quiero pensar
que ella también quiere tener sus momentos a solas,
pero solo quería hablarle por un momento y
decirle que no se olvide de mí porque yo de ella no
me olvido.
Nadie me dijo que conocer la soledad podría ser adictivo,
pero en marzo, cuando el sol salió y me asomé para
mirarlo,
improvisé mis próximos pasos hasta que la noche
me alcanzó.

Le pedí a la luna un favor,
que me escuche cuando nadie quiere hacerlo,
que me abrace cuando nadie puede hacerlo,
que, cuando no quisiera mostrarse, me deje verla
solo a mí.
Le pedí que volviéramos a ser amigos,
que tenía muchas cosas que contarle,
que todavía queda tiempo para los dos,
ella aun sin responderme, me da la oportunidad
de descubrir en mi propio espacio, razones para ser
más fuerte.

No entendía de que se trataba de su dinámica,
porque muy dentro de mí algo que me decía que ella seguía
observando.
Compré una lámpara con forma de luna para sentirla cerca y
cada noche antes de dormir la enciendo mientras escribo.

Puse varios espejos en mi cuarto para mirar mi reflejo y no
importa si ya no sonrío.

Ya no quiero sentirme atrapado, quiero hacer mucho ruido,
atreverme y escribir en una hoja blanco y en grande,
mis próximos deseos.
Y si la luna no me responde, no importa.
Yo todavía sigo siendo su amigo.

Carta a la Luna

Querida luna, te he buscado en todos mis sueños, en todos los lugares, detrás de muchas montañas, en los atardeceres, pero todavía no te encuentro. No sé si estás enojada conmigo, pero sé que me has visto en mis peores momentos y en estaciones donde no creí estar jamás. Quiero decirte que he podido, que lo sigo haciendo, que me mantengo fuerte a pesar de todo; que he llegado a nuevos lugares y he tomado vino a solas. Sigo escapando de la monotonía y respirando muy despacio para mantener la calma. He dejado de llorar por cosas tontas y ya no invado espacios en mi mente que no debo. No destrozo lo que he armado nuevamente y no he vuelto a tocar mis heridas, que están sanando.

He sembrado flores nuevas en mi jardín, he disfrutado los días de lluvia y hasta los truenos que me hacen temblar, los escucho con paciencia. Las historias que algún día te conté y dolieron mucho, hoy son solo recuerdos. Ya no están regados en la calle, ya no están en cada esquina y, en el cruce de cada avenida, ya no hay nadie riendo. Los únicos pactos que hice fueron conmigo mismo: el de salir adelante, el de sonreír en la oscuridad, el de mirar oportunidades donde nadie las ve, el de hablarme bonito y acariciarme el alma cuando todos se han ido.

Querida luna, no olvido tus consejos, aquellos que al principio me diste cuando comencé la tarea de no dejarme vencer, la de recoger mis cosas e irme lejos, la de comenzar de cero y no sentirme en apuros; estoy aprendiendo a ser más paciente. Quiero que veas eso también, las cosas que he logrado a solas, las noches durmiendo solo en mi cama, me siento bien, en paz y en calma.

He recuperado poco a poco la seguridad y reconozco que miro el pasado de reojo, pero sin volver, sin caer en la tentación de sentirme amado en los brazos equivocados.

Lo estoy haciendo bien, querida luna. Espero pronto saber de ti.

Anclados por alguna razón

Me siento en un estado de tranquilidad,
pero al mismo tiempo me inquieta el silencio en la
habitación.
No sé qué más tengo qué hacer.
No sé a dónde debo ir, qué otras manos tomar,
y en qué ojos volver a buscarme.

Me siento anclado, pero no desconfío del proceso.
Quiero mirar qué más hay, si lo que escribo para estar bien
realmente sirve de algo y que no sea solo para salir del paso.
La mayoría duerme, mientras tanto mi mente
no deja de crear mundos donde todo es posible,
donde lo que ha muerto vuelve a la vida,
lo que se rompió se vuelve a unir.
Las cartas que se quemaron
dejan de ser cenizas,
y las palabras que el viento se llevó
un huracán las trae de vuelta.

Por alguna razón me siento anclado,
no sé si en la profundidad de lo que siento o busco,
o en el pasado donde sonreí,
o en el recuerdo de ayer donde dormí a gusto,
pero anclado estoy y desde aquí puedo observar
cómo se va perdiendo ese último rayón de lo que no pudo ser.
Y pasa que, de la nada, te sientas a mirar,
a entender, a no suponer, a no luchar,
y te dejas llevar, te dejas cuidar y lo que viene
a partir de ahora, sea mucho o poco,
lo haces parte de ti, lo acercas más a ti.

Anclarse no quiere decir que has muerto,
no para mí, sino que hay que detenerse un momento,
mirar al suelo, quizá después al cielo, luego mirarse
las manos,
colocarlas en el pecho, sentir que el corazón late,
mirar a lo lejos y no pensar, solo estar ahí… solo existir.

Los días seguirán pasando,
las tardes y los ocasos seguirán conmigo.
la luna, aunque en ocasiones no puedo verla,
sé que en algún lugar se encuentra.

No quiero presionar, ni caminar, no quiero cerrar mis ojos,
no quiero borrar cada uno de mis recuerdos,
ni omitir las lecciones que con mucha paciencia he aprendido.

Ahora quisiera nadar, quisiera sumergirme y no pensar.
Sentir lo caliente del sol en mi cara, escuchar el agua,
sentir la arena de la playa, en la música,
beber otra copa de vino, disfrutar la vida, sentir la vida.

Quisiera hacer más espacio entre mis dedos,
fundir en mis pasiones los gritos que nadie escuchó,
comprendo que exijo demasiado, que soy intenso,
que voy por la vida con ganas de quererlo todo,
con ganas de que sea recíproco, pero esta vez
estoy anclado y eso está bien.
Ya no quiero inventar eso de buscar el amor
entre montañas, ni exigirle demasiado al tiempo que me cure.
Ya no quiero dibujar en mis cuadernos un final feliz.
No quiero pasar desapercibido, pero tampoco quiero estar
a la espera.

Hay días en los que
no vas a querer intentarlo,
no vas a querer levantarte de la cama,
ni mirar tu teléfono, ni salir de casa.
Pero es un día de muchos otros.
Será momentáneo, lo dejarás atrás

El clima mejoró y finalmente cruzar hasta la isla fue un logro. Desde temprano preparé mi mochila: un termo pequeño con café y otro con agua para mí y para Lucas. De camino a la isla disfruté el recorrido en lancha. A lo lejos las montañas hacían contraste, cerca del mar abierto pude observar la inmensidad del mar, lo infinito y, al mismo tiempo, lo aterrador que puede ser. Lucas ladraba por el salto que hacía la lancha mientras llegábamos; no sé si estaba asustado o emocionado. Algunos turistas tomaban fotografías, *selfis* y hacían videos para tenerlos de recuerdos. En el fondo se escuchaba la emoción de un niño que, por primera vez, iba a la playa, no paraba de decir que el mar era más hermoso de lo que mostraban en las películas y documentales. Todos íbamos con nuestros chalecos salvavidas, sin excepción, pero Lucas definitivamente era otra cosa. Se robó las miradas y la atención de casi todos, hasta la del que manejaba la lancha.

Luego de varios kilómetros se podía ver la isla. Fue un recorrido de casi media hora pero valió la pena. Las aguas tranquilas ya se podían sentir, la arena blanca y el azul turquesa se comenzaban a pintar para darnos la bienvenida, un pequeño muelle tenía un letrero de isla mágica y, la verdad, el lugar lo era. Mi fascinación era indescriptible. La espera y los días de lluvia no hicieron estragos. Los turistas bajaron y, de último, Lucas y yo; apenas pisé la arena supe que era necesario pasar aunque sea una noche ahí, algo que podía hacer sin complicaciones porque el lugar tenía pequeñas cabañas para hacerlo, además de un hotel con una vibra muy playera que a cualquiera enamoraba.

Por un momento pensé que llegaríamos tarde, pero todo estuvo a nuestro favor. Era inevitable no detenerse a tomar fotografías, fue algo que hice desde que zarpamos en la lancha, pero al llegar y mirar alrededor de la isla, se podía observar que la belleza del lugar era bastante llamativa. Hice algunas tomas de Lucas conociendo el lugar; él como siempre olfatea y marca territorio. El día transcurrió con total calma. El sol no estuvo tan intenso y caminé por varios lugares. Almorcé en un pequeño restaurante y, al caer la tarde, tomé la decisión de pasar la noche ahí. Algunos turistas regresaron al otro muelle, pero la mayoría se quedó para vivir la experiencia.

Hice un par de amigos que venían de otros países, encendimos una fogata y cada uno contaba anécdotas y la razón por la que visitaban la isla. Yo, por mi parte, les conté que cada año me gustaba visitar sitios diferentes, que el mar me encanta a pesar de que le tengo un poco de miedo. Para algunos fue extraño, para otros fue increíble porque era enfrentar de cierto modo, el miedo. Les comenté que nunca había visto un color tan intenso como el turquesa de esas aguas, ni la tranquilidad y la brisa ligera.

Al día siguiente preparé todo para conocer y explorar las profundidades del mar de ese bello lugar, una aventura más que no olvidaría y una historia que nos le contaría a mi abuela con todos los detalles. La magia nuevamente se hizo presente. El arrecife de corales era hermoso y, a pesar de que era un área protegida, teníamos guías que ayudaron en lo que necesitábamos. La diversidad de especies era incontable. Poco a poco me dejaba llevar por el momento y comenzaba a perder el miedo. Pedí que me hicieran algunas fotografías bajo el agua y me tomé un par de *selfis* con esos nuevos amigos que hice; un recuerdo que quedaría en mi memoria para siempre, porque claramente sabía que no los volvería a ver.

Al fondo pude ver a Marina. Ahí estaba ella, mejor que nunca y más reluciente. Me acerqué para saludarla, me sonrió y con mucho entusiasmo quería contarle todo lo que había pasado.

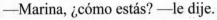

—Marina, ¿cómo estás? —le dije.

—Bien, Jordan, por acá todo está bien —me respondió.

—No sabía que estarías por aquí —respondí.

—Bueno, recuerda que estoy en muchos lugares, uno de ellos es estar contigo —me respondió con una bonita sonrisa.

—A veces pienso que tu presencia va más allá de enseñarme cosas —refuté.

—¿Tú crees? Quizá te estás acercando al propósito de entender mi existencia en la tuya —me respondió sembrando una nueva duda.

—Y si no lo hago, sé que estoy cerca —respondí mirando al agua.

—Cuéntame, ¿cómo la estás pasando? —preguntó Marina.

—Ni siquiera sé por dónde comenzar —le dije mirando la inmensidad del mar—. Este lugar es increíble y es de los pocos que me ha hecho sentir como si estuviera en casa.

—Bueno, bienvenido a mi hogar, la isla mágica es el lugar donde vivo —me respondió Marina muy entusiasmada.

—¿De verdad? —pregunté sorprendido.

—Sí, tú tenías muchas ganas de venir a esta isla. Yo estaba superfeliz porque sé que ibas a encontrar mi hogar —respondió, nadando de un lugar a otro.

—Es que me dio curiosidad porque todos hablan de lo linda que es la isla mágica —le dije acercándome a ella.

—Aquí es cuando me toca decirte que siempre estás en busca de algo y son esas cosas las que te motivan a seguir —me respondió.

—¿Por qué lo dices? —pregunté confundido—. A veces me dices cosas que no entiendo, Marina.

—Tú siempre con tus preguntas, pero esta vez no te daré el mismo sermón, solo quiero que te enfoques en ti —me respondió compadeciéndose de mí.

—Supongo que es algo que he estado haciendo desde que llegué —le respondí.

—Por un lado, sí, pero no del todo —me respondió mirándome a los ojos.

—Marina, dime, ¿qué me falta aprender? —pregunté con desespero.

—No puedo darte la solución a todo, recuerda que este viaje lo hiciste para entrar en lo más profundo de tus sentimientos, ¿cierto?

—Sí —atiné—. Es que tengo la curiosidad de saber más. Tus palabras suelen confundirme y sé que no lo haces con esa intención.

—En la vida siempre habrá confusión. Es normal que en ocasiones, cuando nos sentimos perdidos, vamos a buscar encontrarnos de cualquier manera y eso es algo que tú lograste hace mucho tiempo —me respondió convencida de que había entendido lo que me dijo.

—¿Cómo así? —pregunté con la duda abrazándome.

—Has estado distraído, Jordan. Has pasado por muchos momentos que han apagado tu sonrisa, pero han sido más los buenos que te la han devuelto, solo que no te has dado cuenta —me respondió.

—Ahora sí creo que enloquecí —respondí.

—No tienes por qué haber enloquecido, pero no eres capaz de mirar lo grande que puedes ser si te lo propones —respondió.

Tengo que admitir que conocer a Marina me ha traído una serie de enseñanzas, pero también dolores de cabeza porque es un misterio que respira; sin embargo siempre intento no presionarla con mis preguntas, inquietudes y con la manía de querer saberlo todo. Volver a verla me dio tranquilidad y respuestas. Le conté con cada detalle del porqué había pasado mucho tiempo desde la última vez que me sentí bien,

aunque seguramente ella tiene razón cuando dice que no me había enfocado en todos los momentos que había sonreído. He pospuesto mi propia felicidad solamente para complacer a otros y olvidé que también que tengo una vida; que mis sueños siguen ahí conmigo y que las oportunidades tengo que aprovecharlas y disfrutarlas.

—No vas a enloquecer, ten paciencia —me dijo Marina con la tranquilidad con la que suele hablarme.

—Creo que he sido paciente, ¿no crees? —respondí.

—Solo disfruta lo que está sucediendo y ya. No te tomes las cosas de manera tan personal —me respondió. La verdad es que en sus palabras sentía mucha sinceridad.

—Eso es algo que también estoy aprendiendo contigo, Marina —le respondí amablemente.

—Falta mucho por aprender, pero hoy quiero que entiendas que no estás perdido —respondió en un intento de no dejarme en la locura.

—Si eres tú quien lo dice, lo voy a creer —respondí.

—Hasta ahora no te he mentido. Mantén la calma y disfruta —respondió.

—Marina, quisiera quedarme más días aquí, pero tengo que regresar dentro de pocos días —respondí afligido.

—Vas a regresar en otro momento de tu vida, en uno donde quizá no tengas mucho que aprender, sino vivir con más voluntad todo lo que el destino te prepare —me respondió y en sus palabras noté nostalgia—. Por ahora solo escribe en tu cuaderno aquellas cosas que te han generado tranquilidad estando en este lugar.

—Vale, lo haré cuando esté a punto de dormir —respondí.

—Casi está por anochecer, ¿qué planes tienes? —preguntó.

—Bueno, me voy a quedar una noche más para mirar las estrellas en el cielo —le respondí.

—Me gusta, pero te voy a pedir que no llenes tu mente de más pensamientos que lastimen tu tranquilidad —respondió Marina.

—Prometo que no lo haré —le respondí con una sonrisa.

—Por cierto, ¿dónde está Lucas? —preguntó mirando por todos lados.

—Lucas está con su cuidador. Hace rato estaba aquí conmigo, pero como salí a bucear, no podía traerlo conmigo —respondí.

—Tienes razón, ni sé para qué pregunté —me respondió entre carcajadas.

—No te preocupes, ya casi voy por él —le respondí.

—Jordan, hay algo que quiero decirte y no quiero que lo olvides —me dijo acercándose a mí.

—Sí, dime —respondí.

—Nunca más pongas en duda tu capacidad para lograr las cosas, nunca olvides lo hermoso que eres tanto por dentro como por fuera —respondió.

—Marina, a qué se debe todo eso que me dices —le respondí.

—Te lo digo porque te estoy mirando y en tus ojos percibo mucha tristeza —me respondió.

—Es inevitable, este encuentro conmigo mismo me tiene así, pero estaré bien —le respondí sonriéndole.

—Sé que lo estarás, pero esta noche, antes de dormir, enfócate en agradecer por lo que vives —me respondió Marina convenciéndome de sus palabras.

—Gracias Marina, gracias porque contigo voy aprendiendo, gracias porque has estado conmigo de una manera increíble —respondí entre lágrimas.

—No hace falta que lo hagas, me gusta acompañarte y estar ahí para ti, me gusta poder enseñarte lo que todavía no sabes —me respondió Marina.

—Has estado de forma breve, tu paso por mi vida significa demasiado —le respondí antes de despedirnos.

Antes de que Marina se fuera, nos quedamos un rato mirando el atardecer. El cuidador de Lucas lo trajo y Marina lo saludó; él no dejaba de mover su colita de la emoción, no dejaba de lamerme y olfatearme. Nos sentamos en el muelle y vimos cómo Marina se alejaba, mientras el sol comenzaba a esconderse y la luna se mostraba. Pensé en las palabras de ella. Sin duda alguna, fue un momento de reflexión y de muchas enseñanzas.

Después de que Marina se fue, me fui con Lucas a la pequeña cabaña donde íbamos a dormir. Luego de haber cenado, saqué mi cuaderno de notas para escribir un par de notas y describir cómo me sentía.

Escrito en mi diario:

Hoy fue un día maravilloso, pude ver la vida de otra manera. Quiero darle espacio a los nuevos momentos, no dejar que el pasado siga haciendo interferencia en mi presente. Hoy, mirando la claridad del agua, mirando la belleza del arrecife de corales, entendí que todo puede pasar; observé las estrellas recostado sobre la arena de la playa y no quise pensar demasiado. Hoy solo quiero agradecer por lo que he vivido, por lo que voy soltando, pero sobre todo con lo que me voy quedando, porque ahora sé que lo que sucede conmigo, lo que sucede en mi vida no me va a asesinar, sino que va a enseñarme lecciones que no conocía.

La noche finalmente se hizo parte de nosotros. Lucas, luego de cenar, se quedó dormido a mi lado. Yo cerré mi libreta y le mandé un mensaje a mi abuela, recordándole lo mucho que la quería y cuánto la echaba de menos, le dije que pronto estaría de vuelta. Le envié un par de fotografías en la playa y varios videos nadando cerca de los arrecifes. Era bastante tarde por la noche y sabía que no me iba a responder. Me sentía tranquilo y le hice caso a Marina con eso de no llenar mi mente de pensamientos innecesarios.

Conectándonos con el amor

Algunos quisieran regresar el tiempo,
otros, detenerlo. En mi caso, no sé qué podría hacer
con todas las partes que todavía conservo de aquellos
que estuvieron tan poco tiempo que no recuerdo
cuándo fue su último día a mi lado.

Camino de un lado a otro, con los nervios a flor de piel,
con heridas que vuelven a abrirse, con esa voz
en mi mente burlándose de mí.
Pero no importa. Algo me dice que lo estoy
haciendo bien
porque no quiero cambiar lo que soy
ni manchar mi esencia, ni pausar mis intenciones;
ni apagar la luz del amor que soy cuando
mi forma de querer me delata.

Me he vuelto a conectar, aunque en ocasiones
prefiero desconectarme, aunque me duela y encienda por
dentro la poca estabilidad que me queda. Pero prefiero
desconectarme y enfrentar la realidad de lo que pasa.
He muerto un par de veces, me ha dolido
cada parte de mi cuerpo,
me he ido a la cama pensando
que no podré y no sé por qué dejo que eso
desfile por mi cabeza si al final, soy yo quien toma
la última decisión y, esta vez, lo que decido es conectarme
conmigo.

Me parece increíble cómo pueden ser las cosas,
cómo un día queremos todo y al siguiente,
no queremos nada. Es estar en un estado de relajación,

de no pensar demasiado, de no torturarnos sin razón alguna,
pero debo reconocer que eso me aterra un poco.
Tengo miedo desconectarme por completo y no saber
cómo pasó. Tengo miedo de despertar y que todo haya sido
un sueño, que las vacaciones de verano hayan sido
un holograma,
que la vida nunca pasó, que nadie estuvo conmigo,
que nunca existí,
que todo fue una historia que algún demente se inventó y
que yo nunca recibí siquiera un abrazo verdadero que
me hiciera sentir
que valgo la pena. A eso le tengo miedo, a la locura
de soportar mis
propias ocurrencias, de haberle dado tanto poder a
mi mente y ahora
no sé cómo controlarla.

Todo está pasando muy rápido,
como la corriente de agua de ese último río al que fui,
donde sentado en una piedra, escuchaba la naturaleza.
Ahí solo pensé en esa grandeza, esa pureza y en la
inmensidad del lugar.
No quise hacer demasiado. Temblaba por el agua fría
y porque la brisa
se apareció a ratos, en breves segundos, pero dejaba
su rastro,
como para que no olvidara que estaba presente,
como para no olvidar que aunque piense en locuras,
yo también estaba ahí.
Quiero creer que, más adelante, cuando vuelva a encontrar
otra de
las piezas que me faltan, podré entender lo que pasó antes,
porque uno anda por la vida y en sus caminos queriendo

encontrar de todo,
indagando hasta donde no debemos; la curiosidad
siempre gana.

Voy a quedarme tranquilo,
no voy a moverme, no más de lo que puedo. Quiero
conectarme conmigo,
escucharme por dentro, armarme pedazo a pedazo.
No quiero regresar el tiempo, no quiero luchar que
no puedo.
Quiero solo eso, quedarme tranquilo,
sentarme nuevamente en el patio de mi casa,
cerrar mis ojos e imaginar que lo que está por venir será
tan hermoso que no podré creerlo, pero no tendré miedo
de darle la mano.

Funeral de emociones

Apagué la TV, me fui a la cocina,
me serví otra copa de vino, salí al patio, a mirar
mis plantas,
me quité los zapatos y caminé por la grama;
estaba algo húmeda por la lluvia de la mañana.

Como estrellas fugaces, los recuerdos volvían a mi cabeza.
También apagué mi celular y el contacto cero se
profundizaba cada día más. Sabía que a algo
me estaba enfrentando, aunque en realidad
no supe a qué,
pero algo estaba pasando conmigo y sabía que ya no
era él mismo.

Había soportado demasiado y ni siquiera sabía para qué,
no sabía si por amor, por estar ciego, o por aceptar
las pocas migajas que alguien puede ofrecer.
Por supuesto que me sentía como un idiota, solo que
no lo admitía.
No quería recordar que todo lo que hice
se ha quedado en algún lugar del tiempo y no sé
cómo recuperarlo.

Todos me lo decían pero a nadie le hice caso.
Supongo que uno aprende cuando el golpe se siente,
cuando los mensajes dejan de aparecer,
cuando la noche se vuelve infinita,
cuando las lágrimas vuelven a caer.
Caminé por mi patio, arranqué un par de flores
y me las regalé. Eso es algo que nadie ha podido darme,
y cómo me gustaría que pasará, que pasara de verdad,

ALEJANDRO SEQUERA

que todo lo que un día quise,
sucediera y que yo no sepa cómo controlar la emoción de
lo que vivo.

Mis emociones parecen haber muerto
y yo vivo en un funeral.

Las lágrimas en tus ojos son un río

Llegaste a un estado de colapso, dejaste de hablar
porque creías que nadie te oía.
Cerraste tus ojos para no mirar,
y prefieres dormir para no pensar.
Tu cabeza se sentía pesada
de tantas cosas que en ella entraron,
te ibas de un lado a otro.
Estabas un estado de emoción poco frecuente, donde
deseabas reiniciarte
para comenzar de cero otra vez.

Pero lo que no sabías era que cada vez que llorabas,
esas lágrimas formaron un río e inundaban todo.
Por dentro comenzabas a curarte. Esa tormenta que
nunca se terminaba, estaba por hacerlo,
solo que no sabías,
y jamás lo ibas a saber porque te encerraste y
no dejaste
entrar a nadie. Los relámpagos eran tus gritos
persiguiéndolos a todos.
Estabas con el peso, con el agotamiento
en su máximo nivel,
con los nervios fuera de control, con una vida manchada
por el dolor.

Fueron esas lágrimas las que formaron un río,
y esas corrientes fluviales se llevaron todo,
y tú solo pensabas que
ya nada se podía hacer. Poco a poco comenzabas a aclarar,
a permitir que la oportunidad volviera a entrar a casa,
la esperanza

nuevamente volvía a florecer, tus lágrimas
disolvieron las dudas y
todas las cosas que te dolían, las que ayer no podías olvidar.
Y todo fue mejor que antes, volviste a escuchar música,
tu respiración se normalizó y limpiaste la casa y tu cara.

Miedo a lo profundo

A lo desconocido hay que tenerle respeto, eso es algo
que siempre he creído.
Ya no quiero agonizar en un último intento
por tocar profundidad,
pero me gusta intentarlo, me gusta retarme y,
a pesar del miedo,
el resto no me importa porque se trata de mí.
Ya no quiero tapar fallas,
ni pretender que nadie me lastimó. Pero todo cambió
cuando por primera
vez entendí que hay quienes mienten solo para salvarse
a ellos mismos,
y no les importa qué puede pasar con nosotros.

Supongo que todo acabó y ya no queda nada.
Por más que busque, por más que me atreva y me lance
a explorar en las profundidades de su mente,
yo ahí ya no estoy. Yo quería ser la persona que eligiera
cuando nadie es capaz de verlo, cuando nadie es capaz
de entender quién es, cuando nadie está dispuesto
a quedarse.

Por eso, cuando digo que hay que tenerle respeto a
lo desconocido,
lo digo por la experiencia. Un día me sumergí a propósito
en el corazón de alguien que no estaba listo para
dejar encontrarse.
Lo único que gané fue la decepción a la que yo mismo
me condené,
porque luego tuve que destruir yo mismo
todo lo que construí,

ALEJANDRO SEQUERA

por entregar demasiado me consumí. Yo no merecía eso.
Creo que no merecía nada de lo que pasó, pero confié
al creer que, por amar demasiado, iba a lograr persuadir
su pasado.

Pero aprendí la lección, así como muchas otras.
Aprendí que hay que perder para saber ganar
y cerrar esa puerta.

Otra mañana de nostalgia

No quiero que vayas a pensar o a suponer que estoy
sumergido
en una nostalgia eterna, pero transito por calles vacías,
con los fantasmas de quienes un día me conocieron. La luz
nuevamente se ha ido y estoy perdiendo
el sentido de lo que quiero.
Se rompieron mis alas, por eso estoy caminando
por la avenida
de la realidad otra vez. Quiero llegar a casa, abrir la puerta
de mi habitación
e irme a la cama, quedarme ahí un ratito
y que se sienta para siempre.
No quiero que pienses que me lastimo por deporte,
ni que pienses que me estoy lanzando al abandono,
solo quiero que
veas esa otra parte de la vida, en la que
te abres a la posibilidad
de lo que puede suceder. Desperté temprano, no hizo falta
que la alarma sonará,
me desperté antes que ella, miré la hora
y lo que vi no me gustó.
El otro lado de mi cama, vacío; las habitaciones
de mi casa sin nadie.
Escuché el silencio en casa por todos lados.
Vi mis zapatos en la sala porque
la noche anterior, cuando me los quité, no los guardé.
Una vida llena de ganas de amar, de que me amen, de que
todo salga bien, así sea por un momento,
pero que suceda y no tenga que hacer demasiado
para mantener la conexión, no quiero más mentiras.
Pero, ¿qué hago?, si nuevamente estoy sintiéndome

vacío, sin saber qué hacer. Quiero irme a casa,
pero al mismo
tiempo no quiero. Sigo caminando por las calles a oscuras.
Todos se han ido, mis alas siguen rotas
y la mañana que se transformó
en una nostalgia se extendió tanto que tengo el
presentimiento
que se va a quedar por varios días. Me miro al espejo y
sé que pasaré de todo esto.
Ya no quiero que nadie juegue conmigo, ni que me vean
la cara de tonto. Quiero volver a cantar en mi baño,
sonreírles otra vez a mis vecinos,
dormir con todos mis perros en la cama, ver el sol brillar.
Yo sé que me voy a ver en una parte de mi vida
donde la nostalgia
no existirá y todo será felicidad.

Sammy y su locura por tenerme de vuelta

Sammy ha estado pendiente de mí en todo momento, ha sido esa amiga que en poco tiempo se ha convertido en una hermana. Siempre agradezco su presencia. Al despertar, miré su mensaje en WhatsApp, e inmediatamente la llamé, pero no me respondió. Quizás estaba en clases o haciendo cualquier otra cosa. Me pedía que le dijera la verdad. Me preguntaba qué había pasado y cuándo volvería.

Le dejé un mensaje explicándole la razón de mi viaje y que esperaba que pudiera entender, que no se preocupara demasiado, que pronto estaría de vuelta. Quería que entendiera que soy un nómada, que me gusta movilizarse para buscar mi estabilidad para encontrar respuestas y que no se preocupara demasiado.

Al igual que mi abuela, Sammy suele ser demasiado dramática. Cada día le enviaba una fotografía y notas de voz de lo que estaba haciendo, pero comprendo que me eche de menos. Es que hacemos todo juntos y los ratos de enojos duran muy poco porque nos necesitamos mutuamente. Al rato le envié una nota de voz explicando un poco más de la situación. Le conté también sobre la isla a la que crucé, sobre las cosas que en mi diario escribía, el significado de este viaje y las enseñanzas que me estaba dejando.

Al rato tomé un descanso, solté mi teléfono y me recosté en mi cama. Sé que todo estaba marchando bien, no quería preocuparme por el desespero de Sammy, porque estaba convencido de que me iba a entender. Quería que no olvidara que cada uno de nosotros tiene procesos que vivir a solas, no sé si para lidiar con la vida o con situaciones que nadie comprende. Solo quería que, por primera vez, se pusiera en mis zapatos y no se sintiera ofendida por no incluirla en este viaje. Ella sabe que ha estado en los anteriores. Ella sabe que le llevo un par de recuerdos porque, si no lo hago, me va a torturar. Ella ama coleccionar adornos con imanes en la nevera y le llevo un par de ellos para que me perdone, aunque sinceramente cuando la vea sé que le gustarán mucho.

Las oportunidades aparecen
una sola vez. Tú tomarás la decisión
de tomarlas o dejarlas ir.
Pero confío en ti,
y sé que a partir de ahora, vas a
aprovechar cada una de ellas.

Un café y una conversación necesaria

Por la mañana todo estaba tranquilo. La noche transcurrió con total calma y no me desperté en medio de la madrugada. Las pesadillas no se hicieron presentes y, esta vez, sentí que todo realmente estaría bien. Creo que finalmente lo estaba logrando. En las noches anteriores era imposible poder dormir, pero poco a poco comenzaba a ceder y la vida estaba teniendo sentido otra vez.

Sentado en el café, esperando mi desayuno, un anciano me preguntó si podía hacerme compañía. No tenía problema alguno con que me acompañara, entonces le dije que sí, que estaba bien. Se presentó y yo hice lo mismo. Me preguntó qué tal me parecía el lugar y si volvería. Con entusiasmo le respondí. Le dije que, por supuesto, lo haría. Me comentó que notaba en mí mucho entusiasmo por la vida, mucha energía y que disfrutara eso porque, a la vuelta de la esquina, los años pasan demasiado rápido, y a veces uno ni cuenta se da.

Me contó que ese lugar era uno de sus favoritos y siempre regresaba en temporada baja. Esta era la primera vez que viajaba solo, sin su esposa, porque el año pasado ella había fallecido. Al principio sintió que no podría seguir y que se quedaría sumergido en el mar de la tristeza, pero fueron los recuerdos y toda una vida con ella lo que lo levantó de su cama para continuar. Él mismo decía que a su esposa no le gustaría verlo así y que ese viaje a solas, cargado de emociones y de muchas ganas de verla, lo hacía en honor a ella. Yo no decía mucho. Lo dejaba hablar, dejaba que se expresara porque algo me decía que nadie lo escuchaba cómo quería. No paraba de decirme que no dejara pasar cada oportunidad, que disfrutara, que saliera siempre que todo se volvería un caos.

Tengo que reconocer que me compadecí de ese pobre hombre y lo entendí, lo invité a desayunar. Él me aceptó un

café, que con eso era suficiente, que pronto estaba por irse y que no quería incomodar demasiado. Yo le dije que no lo hacía, que no pensara en eso, que todo estaba bien. Lucas no dejaba de verlo, él lo acariciaba y hasta me contó de la vez que tuvo su perro, el último, que estuvo con él por unos doce años. Luego de que ese perro murió, no tuvo otro porque no quería ponerle un reemplazo y porque nunca encontraría a uno tan inteligente como ese y que conectara tan bien con él.

Luego de un rato de charla, trajeron el desayuno. A él le sirvieron una taza de café y enseguida sacó un cigarro. Me preguntó si no me molestaba y yo le dije que no, que podía fumar sin problema. Me preguntó la razón de mi viaje, porque comentó que siempre hay una razón para salir de las cuatro paredes de la casa. También me preguntó qué se había roto dentro de mí y cuál era la necesidad de buscar muy lejos de casa nuevas piezas para armar. Le hice un breve resumen y no le sorprendió. Ya había vivido una vida entera, así que conocía cada cosa. Me dijo que no me dejara dominar por el sentimiento y el apego que muchas veces nos destruyen, que en la vida siempre vamos a perder, pero también a ganar. No se puede detener lo inesperado, ni saber qué pasará después. Todo lo que vivimos forma parte de ser, de lo que somos y eso es lo que nos va trazando todos los caminos en nuestra vida, que son muchos, por cierto.

—Quédate tranquilo, tienes mucho por vivir —me dijo mientras fumaba su cigarro.

—Quiero estarlo, sin embargo, no es fácil lidiar con las emociones —respondí tomando mi café.

—Están diseñadas para mantenernos aquí, como para recordarnos que seguimos vivos —me respondió soltando el humo por la boca.

—Quisiera tener esa visión que tienes tú de la vida y estar en calma —respondí.

—La vas a tener, pero estás demasiado joven todavía. Tú sigue caminando —me respondió mirándome a los ojos.

—Es que me has contado tantas cosas y puedo percibir agradecimiento en tus vivencias —le respondí con la intención de que siguiera hablando.

—Es que lo hay, ¿cuál es el otro sentido de la vida? —me respondió para luego tomar un sorbo de café.

—No sé, me dices que todos vamos a perder pero también a ganar —respondí.

—Exacto, hay un punto de partida y otro de llegada, y en todo ese trayecto pasarán muchas cosas —me respondió.

—Sí, eso lo sé, eso lo vivo también. Solo que a veces me gustaría cerrar los ojos y que todo esto sea un sueño —respondí con la esperanza de que me pudiera comprender.

—Si eso fuese así, mi esposa y mi perro estarían conmigo —me respondió y sentí mucha tristeza en lo que dijo.

—Tienes razón, ojalá las cosas pudieran ser como a veces uno las desea —respondí y casi terminando mi café continué—: Supongo que algún día uno lo entenderá.

—No es solamente eso, podemos alterar todo con nuestros deseos y así olvidamos esa parte —me respondió el anciano.

—Bueno, pero se vale, al menos, soñarlo en nuestra mente —respondí inmediatamente.

—Solo hay que tener cuidado, la mente puede ser tu amiga y enemiga al mismo tiempo —finalizó.

Hubo un rato de silencio, él me cedió el espacio para desayunar y se fumó dos cigarrillos mientras tomaba su café. Yo había pedido otro porque el primero lo acabé casi de inmediato. Pensaba en la brevedad de ese momento y en sus palabras; en cómo todas esas cosas se iban a quedar conmigo y me iban a cambiar. Supongo que lo de tocar fondo comenzaba a tener más sentido y a darme ese permiso de sentir cada una de las cosas que me decían. No sé de dónde apareció ese anciano, si fue un mensajero enviado por Marina, por la vida o por la casualidad. No quise indagar demasiado, no hacía falta.

Disfruté su compañía, seguimos platicando hasta que se fue; él debía regresar al otro lado a recoger sus maletas porque ya estaba por regresar a su casa, que estaba vendiendo porque se iría del país. Le pregunté si tenía hijos y me dijo que no, que pasó toda la vida disfrutando el amor de su esposa, que sí buscaron tenerlo pero nunca se pudo dar, pero que eso estuvo bien; que la vida con su esposa estuvo llena de grandes momentos y no hubo vacíos, que fue suficiente todo el tiempo juntos y que, en las noches, antes de dormir, cada uno daba gracias por tenerse mutuamente.

Luego de irse el anciano, me fui con Lucas a caminar por la orilla de la isla para comenzar a despedirme. Teníamos que regresar al hotel y aunque no quería, tenía que hacerlo. Estuvimos un largo rato ahí. Nos sentamos en la orilla, e hice nuevas tomas para publicar en mis redes más adelante. La señal era escasa. Leí un par de mensajes y escribí un par de cosas en mi libreta. La brisa era fuerte, el día lo estaba siendo. El sol brillaba con furia y el cielo estaba bastante despejado.

Seguían llegando turistas y otros retornando, entre ellos, Lucas y yo. El ruido de la lancha hacía ladrar de nuevo a Lucas. Yo solo me veía perdiéndome en ese momento, entre mis pensamientos y mi estadía en la isla. Me sentía feliz, contento y pleno. Supongo que lo que viví me enseñó un par de cosas, como la fragilidad de la vida y nuestros sentimientos, y eso es algo que me costó entender, pero lo aprendí.

Miré de reojo, la isla se hacía pequeña por la distancia que íbamos recorriendo mientras regresábamos al muelle, hasta que se perdió entre el horizonte y no la vi más. No

me despedí de Marina porque sé que antes de irme a casa, nos volveríamos a ver. Al bajar de la lancha y antes de irnos al hotel, fuimos a tomar un helado. Estaba cansado, había planificado regresar antes del mediodía, pero no fue así. Lo hicimos casi cayendo la tarde, y el agotamiento era indescriptible. Finalmente subimos a la habitación del hotel. Solté mi teléfono y mis cosas, me fui a duchar y preparé un baño en la tina. Ahí me quedé un largo rato hasta que salí, me puse mi pijama y me acosté. Caí en un sueño tan profundo y necesario que en ese momento olvidé todo lo que pensaba y todo lo que me dolía. Las cosas que en mi libreta escribí pasaron a otro plano. Solo estaba yo en cama, con mi perro, en un lugar desconocido y con toda una vida por vivir.

La vida es esa parte en la que
dejas de luchar y te dejas llevar
por ese pequeño momento en el
que entiendes que no vas a poder
con todo.
Entiendes que está bien irte a
la cama temprano,
cerrar las persianas y bajarle volumen
a la música.

Carta de amor

Quizás en este momento no puedas dormir y quiero pedirte que mantengas la calma; no pasa nada. Quizá tu mente sigue creando historias, o solo estás pensando en todo lo que ha pasado. Lo único que voy a pedirte, nada más por esta noche, es que no te dejes llevar por la nostalgia y retrocedas.

Puedes encender la radio, reproducir alguna canción en tu teléfono, tomar tu cuaderno y escribir cómo te sientes. Sé que vas a leer los viejos mensajes, aquellos cuando todo comenzó. Está bien que lo hagas, a veces hacemos cosas solo para mirar un poquito y recordar cómo fue todo. Sé que te quedas mirando la pantalla, escribes un par de palabras para luego borrarlas.

No hagas algo de lo que pudieras arrepentirte. Hay que tener valor y no dejarnos caer ni vencer, aunque nos sintamos otra vez en el borde del abismo. No podemos caer en lo mismo, en aquello que nos mantuvo perdidos, en eso que nos sumergió en una tonta realidad donde los primeros días fueron especiales y luego, un verdadero infierno. Está bien que eches de menos, pero no retrocedas. Piensa ahora en lo lejos que has llegado, el camino que has transitado a solas y con esfuerzo, es solo tuyo, no es necesario que demuestres de más, no es necesario que lances una señal de vida.

Esta noche pasará, lograrás dormir. Por la mañana serás diferente y estarás bien. Quizá caíste en la trampa de la añoranza, pero, cariño lo has estado haciendo bien todo este tiempo, aunque no puedas verlo ni creerlo. Has alcanzado la plenitud en días en los que tú crees que no hay nada más que hacer, por dentro te sigues limpiando y tus manos se preparan para tomar lo que te corresponde, las manos de la vida, de la felicidad y de todas las cosas que son posibles.

Paciencia que, si en algún momento creíste que te ahogarías, eso no volverá a pasar.

Con amor, la vida

Carta para soltar el odio

Tienes una mochila extra escondida en tu habitación, tienes en tu cuerpo algunos tatuajes y huellas de gente que te abrazó, pero te lastimó. Tienes en tu habitación, viejas fotografías colgadas en tu pared. Dentro de ti todavía corren los momentos que quieres borrar, como si por arte de magia pudieras lograrlo, pero sabes que no pasará.

Te voy a decir que, en algún lugar del mundo, de la vida, de este universo inexplicable, sigues estando tú. Tienes una fuerza que no cualquiera conoce y una bondad repleta de amor, de ganas de sonreír, de mirar con verdaderos ojos partículas de amor donde nadie puede verlas.

No hay motivo para odiar si sabes que eso mancha tu alma. El enojo es estacional, muy bien lo sabes. Pero hoy quiero eso, que juntos soltemos el odio que se ha quedado en casa, que duerme en nuestra cama y está en nuestra pared, abarcando un espacio que no debe.

¿Sabes? Todavía recuerdo las veces que las palabras de unos cuantos se quedaron tan metidas en mi cabeza que estuvieron ahí molestándome por muchos años. No le encontraba solución, o no sé si no era capaz de darle alguna, hasta que entendí que era yo quien tenía que resolver el asunto, porque se trataba de mí; una pequeña configuración que llevó tiempo alcanzar, pero lo logré.

No hay que dejar entrar a quien se acerca con malas intenciones. Hay que transmutar muy lejos las fuerzas negativas de muchas personas que no quieren vernos sonreír, no quieren vernos triunfar. Pero tampoco hay que permitir que el odio nos domine porque, al final, vamos a perder.

Con amor, de un desconocido para ti

Carta al futuro

A ti, futuro, que te muestras como un buen amigo, pero que todavía no te conozco, admito que te tengo miedo porque no sé qué traerás, qué planes tienes, qué aventuras dibujadas me vas a regalar y qué caminos estás construyendo para que yo los camine. Sé que en todo este camino, las montañas serán cada vez más altas, como queriéndome decir que nada puede ser tan fácil, pero que los retos son divertidos y que con un poco de esfuerzo todo se puede en esta vida.

Pero, futuro, dime la verdad, ¿qué más tengo que caminar? Ya quiero conseguir los brazos que me van a cuidar de verdad y ya quiero encontrar los ojos donde me encontraré cuando me sienta perdido. Ya quiero encontrar a la persona ideal, esa que me va a despertar por las mañanas y le diré que esperé por mucho tiempo, pero que ya no importa porque hemos llegado.

A ti, futuro, no sé dónde estás, no sé cuántos boletos me faltan por comprar, o cuántas lágrimas soltar, no sé cuántos minutos consumir oyendo música para dar contigo, pero voy a confiar en ti porque, después de todo, no tengo otra escapatoria que encontrarme contigo. Lo único que deseo es que seas bueno, comprensivo y me tengas paciencia. Suelo ser distraído y olvido dónde pongo las cosas, pero lo que no olvido son esas palabras que duelen. Pero sé que me tendrás tan ocupado que no tendré chance para pensar en eso.

Futuro, estás muy cerca de mí, algo me lo dice y por eso tengo tantos nervios, pero también ansias de saber qué traes entre manos.

Con amor, Jordan

Carta al pasado

 Si hubiese tenido la oportunidad de tener una bola de cristal que me ayudara a ver qué iba a pasar, creo que nunca hubiese respondido ese primer mensaje. Pero por algo tuve que atravesar toda esa locura, que me trajo problemas y me quitó por muchas noches las ganas de dormir; hasta me quitó las ganas de soñar y de abrir la puerta de mi auto para salir a pasear. Así de inestable quedé. Me daba terror dar otro paso.

Pero a ti, pasado, que de la nada vienes y te atraviesas en mi camino, quiero decirte que no me intimidas, que por más que lo intentes no lo vas a lograr. Te burlas de mí porque todavía escucho las canciones que se convirtieron en mis favoritas en ese instante tan innecesario que no debió existir, pero reconozco que me sentía parte de la obra más perfecta de todos los tiempos y que el público, de pie, no paraba de aplaudir.

Hoy entiendo que no importa cuántas cartas te escriba para que me dejes en paz, seguirás estando por ahí escondido para aparecer cuando no debes o cuando te dé la gana. Lo que no sabes es que estoy tomando cartas en el asunto y que la parte en la que yo me sentía culpable, la borré de mi libreto y me entregué a la libertad de sentirme parte de la libertad. Ya no hará falta que nadie aplauda, lo voy a hacer yo cuando te patee y te mande tan lejos que no podrás encontrarme.

Me encarcelaste en mi propia habitación, en mi propia cama y hasta en mi propia mente, confundiéndome y llevándome a sitios que no debía ir. No sé qué estaba buscando yo, no sé por qué te seguía respondiendo mensajes y por qué esperaba uno de vuelta. Ya no me importa si me escuchas o no. Ahora solo me importa que mi voz sea escuchada por mí y eso me basta.

Con amor, Jordan

ALEJANDRO SEQUERA

Carta al presente

Me miro en el espejo y lo que veo me agrada. Hemos cambiado y lo que casi nos ahoga se durmió para siempre, y nos soltó. Podríamos hacer un festival con lo que hemos logrado, pero mejor no hagamos escándalo. Tomemos las cosas a la ligera, y dejemos que el sol nos sorprenda.

A ti, presente, que existes, que respiras tan cerca de nosotros y en el que vivimos, mantengamos la calma, no peleemos y miremos cómo todo se va ordenando. Pero quiero pedirte ayuda, la de no dejarme mirar tan seguido hacia atrás, no quiero repetir errores que podrían ser una tentación. No quiero caer en esa confusión ni lastimarme nuevamente.

Quiero que me llenes la vida de pétalos en los que pueda dormir; que después de cenar y ver una serie, los tenga todavía pegados en mi piel. Sé que pronto dejaré de sentirme solo. Algo me dice que estoy cerquita de encontrar la parte que me falta, la que creí haber perdido. Nunca pensé tener, pero la tengo y es la que terminará de armarme, la que no me dejará caer nunca más.

Se vale soñar y eso es algo que no me quitarás. Sé que no eres tan cruel como yo conmigo mismo. Pero mi mente puede convertirse en mi enemiga, por eso no quiero hacer mucho escándalo para que no se ponga celosa. A ti, presente, que me miras hasta cuando duermo, quiero darte las gracias por sostenerme y dejarme un rato más aquí. No sé si me entiendes, pero quédate conmigo, dame la mano y entrégame al futuro y mándale un saludo al pasado que no odio.

Una noche de escribir cartas, la última es para ti, presente.

Con amor, Jordan

Se vale soñar incluso despiertos,
no importa donde estemos,
lo que importa es que estás
convirtiendo todos tus miedos
en razones para llegar más lejos.
Y si crees que no lo estás haciendo,
créeme que sí, está pasando.

Ve y mírate en un espejo,
sonríe y aprende a confiar.
Mira más allá de todo y no te quedes
con las ganas de vivir de verdad.
Hazlo mientras puedas,
hazlo mientras no sea tarde.

ALEJANDRO SEQUERA

Deja que el tiempo pase,
que todo pase y verás que la vida
te va a ir recompensando.
No vas a recuperar lo que perdiste,
no es necesario. Pero sí te vas a reponer,
saldrás de lo profundo y serás imparable.

Y si crees que estás en picada, qué importa.
Desde abajo puedes mirar el cielo y ver lo
hermoso que es,
no tienes que pensar que será perfecto.
Deja que sea a su manera, sin tantas complicaciones,
y que todo lo que construyas
sea mejor de como lo soñaste algún día.

Y si no lo entiendes, paciencia. Lo vas a entender.

Conociendo el amor propio

Caminé de un lugar a otro, busqué amor donde nadie
lo conocía,
las horas de la tarde se pausaron y mi reloj dejó de funcionar.
No quise morir en el intento, no quise fallar y no quise
mentirte más.
Todo lo que pasó en algún momento sigue estando presente,
arrastrándose en mis pies y subiendo por mi cuerpo.
Palabras quedaron en mi mente y viajaron hasta mi espalda.

Muchas veces me fui lejos de casa, apagué mi celular y quise
estar en un estado de tranquilidad, quise conectarme
conmigo mismo
y con el propósito de mi propia vida. El amor para mí fue ese
instante cuando me levanté y dije, "¡No más!".
La tormenta se acabó,
y volví a sonreír. El amor para mí fue poder salir de
la oscuridad
y dejar que las heridas se terminarán de cerrar.

No sé odiar y es algo que jamás podría hacer.
No me siento tonto, no me siento estúpido,
ni siquiera me siento parte de un final infeliz,
porque he ido haciendo las cosas a mi manera,
sosteniéndome con la poca fuerza que me queda.

Pero el amor fue esos segundos por la mañana
cuando desperté. No había nadie en casa,
pero ahí estaba yo, tan a gusto que no había
más que pedir, solo existir.

Universo de emociones

Nunca había meditado como hasta ahora,
y entre el balbuceo y las emociones,
me voy de viaje a un universo que no creí
que existía en mí.
Esa locura que me caracteriza, esa bondad,
ese apego tan fuerte hacia los demás,
esas ganas de hacerlos sonreír y estar,
de alguna manera me lleva a la plenitud de
mi presencia.
He caminado por tanto tiempo a solas,
por desiertos donde, anteriormente, el amor floreció.
Donde el agua que corría alimentaba todo
un ecosistema
de dulzura, pero ahora eso no respira.
Supongo que lo mejor sería no insistir demasiado,
enfrentarme a mi verdad, a la que solo a mí me pertenece,
porque ahora entiendo que nadie piensa como yo,
nadie me ama como yo, nadie hace las cosas cómo podría
hacerlas yo.
Llegué nuevamente a un estado emocional y
a una sensación
de pérdida, como si los sonidos del ambiente se
hubiesen apagado,
como si las estrellas se hubiesen extinguido
y como si mi alma
hubiese perdido la última esperanza.
Me dejaré llevar, pero esta vez de verdad,
y con una promesa en la mano y en la otra una rosa.
Confiaré en que el siguiente paso lo sentiré
dentro de mí.

En ese universo que soy, al que pertenezco,
en donde vivo y donde nací, a ese universo
que cada día se expande más y del que no huiré,
yo seguiré ahí, porque siempre lo hago mientras
voy dejando
atrás mi estela, las personas que amé
y todo lo que un día fue mío.
Ahora suelto sin odio ni resentimientos, suelto y agradezco.

Me quedé sentado en la playa, la noche estaba fría, encendí una fogata y prendí la música. No esperaba que algo nuevamente me sorprendiera. Yo seguía en mi búsqueda. Quería profundizar cada vez más mis pensamientos, todos mis sentimientos y tratar de resolver esos conflictos internos. Pareciera que la vida me estaba dando demasiadas lecciones, una tras otra y, la verdad, eso me estaba gustando. No me sentía ajeno de lo que pudiera pasarme pronto, ya nada me sorprende, pero siento calma, así como la tranquilidad del mar, cómo las olas se acercan a mí y no invaden más de lo que no deben. Supongo que eso también pasa con nosotros.

—Me gusta cómo vas llevando las cosas —me dijo Marina.

—Marina, qué bonito verte nuevamente —le dije.

—Yo también me alegro de verte, Jordan —me dijo—. ¿Cómo van las cosas?

—Estoy más tranquilo, pero como sabes, mi mente no para de pensar —le dije.

—Lo sé, no te preocupes, eso siempre va a suceder —me dijo proyectándome calma.

—Entiendo, la verdad es que siento que vale la pena —le dije, emocionado.

—Yo te lo dije, pero eres terco —me dijo, levantando una ceja.

—Lo sé, pero no me odies por eso, al final siempre cambio de opinión —le dije.

—Puedo darme cuenta —me dijo acercándose a mí—. Tú siempre aprendes la lección.

—Tu compañía me ha servido de mucha ayuda —le dije.

—Gracias por hacerme sentir importante —me dijo sintiéndose halagada.

—Desde el primer día me sentí bien y, a pesar de que, en ocasiones, siento que vuelvo a caer, hay algo que me levanta

y siento que son mis ganas de seguir —le dije con una leve sonrisa.

—Recuerda lo que te dije, con el tiempo irás aprendiendo a lidiar con todas tus emociones —me dijo.

—Claro que sí, de eso estoy seguro —refuté.

Mi encuentro con Marina fue bastante breve, no había mucho que decir pues la situación ya lo decía todo. Además que estos días no solo los he usado para reflexionar, sino para conocerme más a fondo. Marina se despidió y en ella he podido no solo conocer una amiga, sino una verdadera sabia y consejera.

Estoy en esa parte de la vida
en la que me doy la oportunidad
de ir más allá. Te hablo de que
ya no quiero quedarme varado
en mi cama.
Hablo de que quiero hacer nuevas cosas
que me lleven a otro estado emocional.

Corazón quebrado

Entre las grietas dibujadas en mi corazón,
la luz del amor ha tenido el gran gesto y valentía
de acceder dentro de él,
recordándome que no todo es tan malo,
que las caídas no son tan dolorosas,
que las veces que he pausado mi viaje,
no significa que no seguiré.

Mi corazón se ha quebrado más de una vez,
estoy acostumbrado a eso. Solo que no quiero pasar
desapercibido, ni morir en el intento de encontrar
un último motivo para reír.

Miro mis recuerdos, leo mis propios escritos,
pienso en la gente que está afuera y está luchando.
Observo los árboles que he sembrado y las flores
creciendo en mi jardín.
Me he ido a la cama cansado, con la mente invadida
y con las piernas temblando.

La luz del amor sigue dentro de mí, abriendo paso,
buscándome, amándome y abrazándome.
No puedo odiarme y si en algún momento lo hice,
eso ha quedado en el pasado.

Todos tenemos el corazón quebrado, nos hemos marchitado,
hemos cerrado los ojos y hemos dormido en el silencio de
esos días donde todo se ha detenido. Aún no estamos acaba-
dos, algo me dice que eso no va a pasar, solo que las lecciones
que aprendemos vienen de un largo proceso que nos aterra
cruzar.

Jugando a ser fuertes

No dejemos que la última intención muera,
no permitamos que el sol nos queme las ideas,
no dejemos que el dolor nos invada por completo.
No dejemos de creer que vamos a poder,
no pongamos en duda nada de lo que hemos alcanzado
hasta ahora.
Luego de intentarlo muchas veces, de retarnos
y superar obstáculos,
la mejor recompensa será tener la vida que soñamos.

De vuelta a diciembre y cruzando a enero,
cuando la vida se siente más triste y también ligera.
Atravesando el túnel de una vida, cargada de emociones
y con piedras en el camino que vamos a patear.

Seremos fuertes, seremos imparables y cuando todos
se hayan ido,
cuando ya no quieran estar con nosotros o simplemente
tengamos que irnos por otro camino,
también seremos fuertes.
Siempre nos dicen que no hay que aferrarse,
pero eso es complicado,
pero vamos aprendiendo porque entre lo que queremos y
lo que nos toca,
aceptamos que las cosas son así, que lo mejor es no pelear.

Jugaremos a ser fuertes, pero no sé cuántas veces
perderemos,
cuántas veces iremos de práctica al campo, cuánto
tendremos que soltar,
y cómo aprendemos a lidiar con el enojo.

Anclados a las profundidades del amor

Me dejé caer a lo profundo en un intento de no hacer ruido,
y quedarme solo con el sonido de las burbujas en el agua.
Abrí los ojos para mirar a mi alrededor
y al mismo tiempo
quise encontrar una nueva oportunidad
para saberla aprovechar.

Estoy aceptando que solo no puedo,
que la manía por querer
tener la razón y demostrar que se puede,
está siendo aplastada
por las ganas de tener compañía. Para serte sincero,
la vida también
se siente bonita cuando un miércoles por la tarde te invitan
a hacer cualquier cosa,
amigos a la mesa o en el patio, con una cerveza en mano,
contando historias,
oyendo música, mirando alguna película o hablando
de aquello que nos da pena amar.

Y si algún día pasa de verdad, espero que sea para siempre,
espero no dudar, ni suponer ni tener miedo
de que sea muy fugaz.
Me he anclado a las profundidades del amor,
donde el mío habita,
pero donde también existe lo de otros, de la gente
que realmente me ama,
aquella que se preocupa, que sonríe al verme, que se
sienten en paz al estar cerca de mí.
Supongo que eso también es vida y yo muchas veces
omito la parte donde el sentido de ella también radica

con aquellos que
vamos creando momentos e historias.

No quiero sentirme tan egoísta, si no darme
la alegría de sentir,
de sumergirme para aceptar, sumergirme
para escuchar a otros,
sumergirme para darme cuenta de que
si no puedo hacer nada,
quizá de la nada alguien aparecerá para cuidarme.

Sin ahogarnos

Cuando todo parezca raro, cuando sientas
que todo está nuevamente oscuro,
no caigas en la tentación del desespero,
Debes mantener la calma,
ser paciente y aprender a esperar.

Cuando vuelvas a soltar otra lágrima,
déjala caer, deja que recorra cada parte de tu ser,
y normaliza lo que sientes, porque estás de este lado,
y todo lo que pasa dentro de ti, en tu mente y en tu día,
es solamente tuyo.

Cuando la música se apague, la vela se gaste,
y las pesadillas aparezcan por las noches,
no caigas en el desespero del tormento.
No tienes que ahogarte con tus palabras,
con lo que sientes o lo que piensas.

Te voy a pedir que seas amable contigo mismo,
te sientes en la cama, respires profundo
y mires a tu alrededor. Luego te voy a pedir
que salgas de tu habitación, des unos cuantos pasos
y entres a la realidad de tu presente.
No puede ser tan malo, no puede ser tan cruel.

Videollamada con mi abuela

Muy temprano por la mañana mi teléfono no paraba de sonar. Estaba confundido porque no sabía si era mi alarma o una llamada entrante. Varias veces apagué el sonido hasta que caí en la cuenta de que el sonido era el de una llamada. Nuevamente volvió a sonar, era mi abuela llamándome. No entendía qué estaba pasando porque era demasiado temprano y ella sabe que odio que me despierten.

Inmediatamente atendí creyendo que algo había pasado, pero no fue así. Solo quería saludarme y expresar lo triste que estaba. Se sumaba un mes más desde la muerte de mi mamá y ella, antes de irse al cementerio, me llamó para decirme lo que haría. Le pedí que no lo hiciera, que mejor se quedara en casa y no recordara esos momentos en los que tuvimos que decirle adiós a mi mamá.

Fue una llamada rápida en la que no pude convencerla de que no fuera, pero para su tranquilidad le dije que estaba bien, pero que no lo hiciera sola, que buscara a alguna de sus amigas para que le hiciera compañía. Luego de colgar el teléfono, me quedé pensando, mirando hacia el techo e imaginando que nuevamente mamá estaría en casa cuando yo regresara. Pero sabía que eso era imposible y no podía continuar lastimándome con esos deseos.

Estoy aprendiendo a dejar ir lo que me lastima, regalándome consejos propios de amor que me permitan continuar, enseñándome a mí mismo que eso ya sucedió y no puedo cambiarlo. Siempre he creído que si la vida fuese fácil, sería aburrida. Pero reconozco que hay momentos en los que siento que todo se me sale de las manos. Quiero aprender a dominar mis sentimientos y no dejarlos escapar, porque no solo se trata de lidiar con pérdidas que duelen, sino que a veces no es fácil lidiar con uno mismo y nadie se escapa de

214

eso, nadie es ajeno a los retos que la vida nos pone. Ojalá puedas entender lo que digo, porque sé que, al igual que yo, has tenido las ganas de escribir una historia en donde todo sea perfecto.

Consejo de amor para esos días tristes

Hoy quiero que hagas algo diferente. Puedes dejar el teléfono en tu habitación y salir de casa. Puedes irte a un parque, heladería o un café. Hoy vamos a intentar hacer las paces con nosotros y nuestros pensamientos. Pide lo que más te gusta y disfruta ese momento contigo. Respira profundo, intenta tranquilizar ese mar de emociones que tienes dentro.

Siéntate, mira a tu alrededor y aterriza en el ahora. Por esta vez te voy a pedir que recuerdes solamente cosas bonitas, cosas que alguna vez te hicieron reír mucho. Quiero que recuerdes las veces que, en tu niñez, fuiste demasiado feliz, que recuerdes cuando no tenías idea de lo que es ser adulto.

Si llevas un cuaderno contigo, estupendo. Quiero que en él escribas tres cosas que te gustan mucho de ti, tres cosas que no te gustan, pero que no te incomodan y otras tres que has logrado hasta ahora y te motivan a seguir. Si no tienes una libreta puedes escribirlas aquí, en este libro.

Tres cosas que me gustan de mí:

1- _____

2- _____

3- _____

Tres cosas que no me gustan de mí, pero no me incomodan:

1- _____

2- _____

3- _____

Tres cosas que he logrado y me motivan a seguir:

1- _____

2- _____

3- _____

Luego quiero que cierres esa libreta o el libro. Cuando llegues a casa seguirás con tus actividades cotidianas, a menos que tengas algún plan con amigos, si es así, puedes compartir con ellos. Regálate ese momento precioso con ellos, con amigos que son familia. Si nada de eso ha pasado, no importa. Estar en casa también es una buena opción. Encenderás la TV y verás alguna película, escucharás algún pódcast o ejercicios de meditación. En mi caso me gusta la música tranquila; me ayuda a conectarme conmigo.

Todo esto no es más que una actividad que quiero que hagas, pero si no quieres hacerla, no pasa nada. Puedes hacer cualquier cosa que quieras, únicamente quiero darte ideas. Por ejemplo, cuando quería sentirme diferente, me inscribí en natación. Realmente no era para sentirme diferente, era para hacer cosas nuevas y no dormirme en la monotonía de lo mismo, de tener los días en espera y no hacer nada.

Deja que las cosas fluyan. Recuerda que seguimos nadando, seguimos practicando y aprendiendo. Las palabras y los sentimientos son nuestro mar, nuestra agua donde hemos metido los pies. Superaremos todo esto un día y, mientras eso llega, seguiremos recorriendo las profundidades de nuestro ser hasta encontrarnos y conectarnos para nunca más desconectarnos.

Recordatorio para días malos

Los días malos no son eternos.
Un día solo tiene 24 horas.
El sol se esconde y la luna te saluda.
Luego irás a la cama a dormir.
Estoy seguro de que al despertar,
te sentirás mejor. Solo confía en mí.

Con amor, tu amigo el tiempo

Un sueño en mar abierto

Les voy a contar la vez que tuve un sueño en el que desperté gritando. Estaba solo en casa, mi madre se había ido de viaje con mi abuela y no había tenido una buena noche. Las cosas en la universidad no iban muy bien. Mi mamá estaba molesta porque mi papá solamente aparecía cuando necesitaba dinero; ella siempre fue buena con él a pesar de que se divorciaron cuando yo era muy pequeño. La verdad es que estuvo toda la vida enamorada de él, pero había entendido que el tiempo que había pasado intentando ayudarlo fue una pérdida, así lo decía. Mi abuela siempre le aconsejó que lo dejara ir, que él nada más la usaba por interés y, finalmente, mi madre lo entendió.

Esa noche después de mirar una película, me quedé dormido. En la madrugada, cuando estaba dormido, comencé a sentir terror, una sensación que nacía desde la punta de mis pies y viajaba hasta mi cabeza. Estaba nuevamente en el agua, pero ya no era un río como los de siempre, era mar abierto. Yo estaba en una embarcación gigante y quería escapar. Cuando lo logré y caí al agua, no sabía qué hacer. Ahí entendí que el problema era aún más grande. Intentaba despertarme, pero no podía hacerlo. Todo lo que sucedía en ese sueño, se sentía real, tanto que aún recuerdo mi cuerpo mojado, el agua salada y lo helada que estaba.

Intenté nadar, pero la verdad no recuerdo por qué me tiré de la embarcación. Supongo que es porque siempre quiero escapar de todo sin saber que las cosas se pueden complicar aún más. No recuerdo si me salvé. No te voy a mentir, pero lo último que recuerdo es que me agoté y comencé a hundirme sintiendo esa sensación de ahogo que me desesperó y, como pude, desperté. Mi corazón latía a una velocidad indescriptible y

mi respiración estaba agitada. Me asomé por la ventana y todo era oscuridad total; habían cortado la luz y lo único que se oía era el canto de un grillo cerca de la ventana. Me calmé luego de un rato y me fui por un vaso de agua. Intentaba comprender qué había pasado y por qué ese sueño apareció de la nada. Todavía lo recuerdo, porque es de esos que jamás se olvidan y espero algún día poder comprender por qué lo tuve, aunque la verdad todos mis sueños son bastante raros.

La próxima vez que tengas miedo,
recuerda que has podido contra él.

La próxima vez que no quieras hacerlo,
recuerda que la vida va demasiado rápido.

La próxima vez que te sientas culpable de algo,
recuerda que hay situaciones que se salen de nuestras
manos y las perdemos de vista.

CAPÍTULO 4

Retornando
a la superficie

Creo que después de intentar, de esperar y de a veces perder, llega el momento de regresar a la superficie. El conflicto acaba y la oportunidad llega para quedarse. Es un proceso de amor y pureza, una caricia en tu mejilla, una palabra de aliento que te enseña que lo estás logrando.

Es hora de retornar a nosotros, de volver a nuestros principios, de sentir lo que hacemos y de llegar mucho más lejos de lo que hemos llegado. Es hora de abrazarnos fuerte y tener un bonito amor con nosotros mismos.

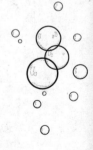

Solo quiero que pienses en el recorrido de este viaje, en las veces que nos fuimos hasta lo profundo y de cómo poco a poco aprendimos a lidiar con todo eso que por dentro nos ahogaba. Quiero que pienses en las veces que quisiste tener a alguien y no hubo nadie, en las veces que despertaste a solas en tu casa y sentías que estabas en otro lugar. Quiero que pienses en los momentos en los que tuviste que tomar café a solas y reflexionaste sobre las verdaderas compañías que nutren el alma. Por ahora, quiero que pienses más en ti, por primera vez. No quiero que suene egoísta, no quiero que pienses que con esto vamos a inflar tu ego. No se trata de eso. Se trata de que si queremos hacer las cosas bien hay que tocar fondo de verdad.

ALEJANDRO SEQUERA

Es innegable que las veces que nos sentimos abandonados, la razón es porque las cosas no salen como esperábamos. Entramos en una nueva faceta y escribimos una nueva historia en la que estamos odiando demasiadas cosas. Queremos cambiar las reglas del juego, mover cartas y buscar piezas del rompecabezas para ver si de alguna manera, logramos completar algo.

En ocasiones, cuando sentimos que nos vamos desplazando por lugares que nos borran la sonrisa, entendemos que algo está pasando, que nos hemos distraído, hemos salido del camino y hemos terminado perdidos y con mucho miedo. Lo importante de todo esto es darnos cuenta, despertar y manifestar que es un momento para aprender y que muy pronto volveremos a retomar nuestra vida.

Nos hemos resistido a algunos cambios, para luego terminar con la urgencia de salir de ahí, de experimentar el cambio, de ver cómo se disolvieron las ilusiones y, cuando creímos que todo estaba bien, nos quebramos. Nos da terror pedir ayuda por creer que vamos a deber un favor, tememos dar la mano porque ya no confiamos como antes. Por las noches, las pesadillas nos anunciaban el final y, a pesar de encender una vela, poner música para encontrar la calma, resultaba imposible lograr conciliar el sueño.

Dime cuántas veces has intentado salvar a alguien, cambiarle la vida y dibujarle una sonrisa, para luego pensar quién estaría dispuesto o está en la posición de hacerlo por ti, o cómo va demostrándote amor y cómo a ti también te pinta y dibuja sonrisas en tu corazón. Dime cuántas veces no has deseado que los finales felices en las películas románticas también te pasaran a ti para conocer realmente cómo se siente eso.

Hay muchas señales que te hablan, pero estás distraído. Pero no te voy a juzgar porque también me ha pasado. Es

cuestión de tiempo y acudir a la calma; de que, en medio de la oscuridad, podamos ver lo que no habíamos visto. Hay verdades que siempre están ahí y las creemos ocultas, pero no es así. Entiendo si, en este momento, sigues teniendo miedo. Es normal, pero hay que tener coraje y enfrentar lo que tengamos que enfrentar y no continuar con la pena de no saber si lo podremos lograr o no, o mucho menos vivir en una ilusión en la que todo podría salir mal.

Ahora quiero que imagines que estás en la orilla de la playa, no hay nadie, ni siquiera las gaviotas. Todo está en silencio y el único ruido que escuchas es el de las olas. Imagina que finalmente lograste lo que querías: apartarte del mundo y dejar atrás a todos. Estás sobre la arena, las olas que llegan hasta la orilla te alcanzan, pero no te importa porque apenas logran tocar tus pies y parte de tus piernas. El sol está tranquilo, la brisa que te envuelve y te encuentra también es tranquila. Imagina por un momento que nada de lo que alguna vez te hizo dudar de ti, pasó.

Mientras, sigues ahí en ese lugar, todo está en calma, sigues oyendo las olas del mar, abres tus ojos y, sobre ti, lo que hay es un intenso color azul que le da albergue a tus miedos. No dejas de mirar hacia arriba, para ti eso es magia, ese color azul donde todo parece estar tranquilo. Ahora todo se suma: el agua llegando hasta tus piernas, el ruido de las olas, la intensidad del cielo. Luego sientes la arena en tu cuerpo y ahí comienzas a retornar a ti, entendiendo que sigues de este lado y que si alguna vez te perdiste en tu mente y le soltaste la mano a tu corazón, es hora de que vuelvas a dársela.

Minutos después y sin decir una sola palabra, cierras tus ojos y los mantienes así por un par de segundos. Quieres guardar ese momento para ti muy en lo profundo de tu alma. No quieres olvidar ese estado vulnerable y de soledad, no importa si algunos no logran comprenderte, es suficiente que tú busques la manera de hacerlo sin caer en el compromiso de que tienes que hacer demasiado para hacerte notar, para ti eso ya no es importante.

Luego abres tus ojos, te sientas y sigues allí, mirando ahora el mar que está frente a ti y agradeces porque ese momento es solo tuyo y nadie te lo puede arrebatar.

Presta atención por un momento
y enfócate en cómo la vida te está hablando
para decirte que ya no hay tiempo que perder,
que retomes todo eso que tienes pendiente,
y recuperes la fuerza con la que
enfrentas cada situación.

Y si no puedes, siéntate,
respira y mira a tu alrededor.

Me quiero...

Me quiero en una distancia infinita,
en un tiempo y espacio que nadie comprende.
Me quiero con mi inocencia de lo que sigo creyendo
del amor,
me quiero sin importar las veces que me lastimaron.
Me quiero sin mirar cuántas veces mis manos se llenaron
de tierra al caer al suelo,
me quiero en el silencio de mis días y en la soledad que
cubre mi cuerpo
cuando no estoy entendiendo nada. Me quiero a pesar
de todo, de lo bueno, de lo malo y de lo que ha causado
que tiemble de miedo.
Me quiero como para no olvidar ni siquiera mi nombre,
la cama donde duermo y los lugares donde todavía
estoy sonriendo.
Me quiero con los libros que he leído, las canciones que
me invento,
las tardes cuando no hay nadie y en medio de la lluvia
camino por mi jardín y me río hasta de mí.
Me quiero por cómo soy y cómo enfrento cada
circunstancia,
en mis días de cumpleaños apagando muchas velas,
y en las mañanas despertando y dándome cuenta de que
sigo con oportunidades durmiendo junto a mí.
Me quiero por las veces que he querido con intensidad,
con pasión y con esas ganas de demostrar lo que siento
a través de mis palabras, pero de las cosas que hago
por amor.
Me quiero por las veces que al romperme el corazón
no busqué
a quién culpar sino transformé mi dolor en esperanza, en

lecciones de amor, en claves para continuar, en
caminos para
seguir conociéndome, en melodías que me acompañaron
mientras
escribía en mis cuadernos, mientras pensaba bonito,
mientras mis
lágrimas caían para desaparecer, mientras mi corazón
se enfriaba apagando
el fuego de la rabia que lo calcinaba. Me quiero así
de bonito, así de grande,
con respeto, con admiración porque solo yo sé lo mucho
que me costó salir del abismo, solo yo entiendo lo que
fue pelear con mi mente.
Me quiero por eso y por más.

Ruta diferente

De nuevo mirando al cielo, pero esta vez con la esperanza
de que al mirar una nueva señal, traiga una respuesta que
regale un poquito de calma a mi corazón. Recostado sobre
el suelo, a mi lado una taza de café y, sobre mí, una vida
repleta de ganas de escribir sobre las cosas que me hacen
feliz, pero también las que me ponen triste y las que
me hacen
gritar de rabia cuando por culpa de lo incierto termino
lastimado
sin yo quererlo. He necesitado varias veces que me abracen,
pero son muchas banderas rojas de quienes pensé
que serían
diferentes y con esto no quiero dármela de víctima, pero ha
llovido dentro de mí y sobran mil dudas. Busco
el verdadero
significado de lo recíproco, pero nadie me avisó
cuánto dolía
querer con intensidad. Sin de apoyo terminé en una
línea recta,
y nadie me llamó por teléfono para interrumpir mis pasos,
nadie vio en mis ojos que mis intenciones era
querer quedarme.
No quiero besar otros labios para no recordar, ni irme
a la cama
sin antes entender que no importan los finales que me
toque vivir.
Algún día voy a ganar más de lo que he ganado todos estos
años en los que he buscado verdadero afecto. Dibujo en
mi mente
rutas diferentes que despiertan las ganas de romper
todas las barreras

que me impiden mirar más lejos. Ya no quiero fingir,
ni ocultarme,
tampoco desvivirme por lo que no puedo mantener en
mis manos.
Miro mis manos y ellas también están cansadas, pero
siento que lo
estoy logrando. La verdad siento que estoy destinado
a sonreír siempre,
pero tengo un poco de paciencia; estoy aprendiendo.

Ya no hay razón para volver al pasado

El tiempo de la duda terminó, las horas del reloj
se pausaron,
la tarde se pintó tan naranja y los pájaros no paraban
de cantar.
La brisa ligera y el empeño de la vida por verme sonreír
estaban ahí,
y ahí estaba yo también, caminando de un lado a otro
y pensando
qué más podría pasar. Escuchando canciones que me
recuerdan a mi
pasado y esperando la primera estrella en el cielo.
Los abrazos no faltaron, de aquellos que me querían
de vuelta,
de quienes un día me levantaron del suelo,
pero no quiero negar que echo de menos
esos instantes donde olvidé que
la vida me ha dolido tantas veces.
Quiero tirarme al vacío y que alguien
me tome de los brazos y me proteja,
porque de tanto hablar, de tanto desear, ya perdí la cuenta
de las estrellas fugaces que tatué en mi corazón
para disimular que los caminos por donde estuve
no me llevaron a nada bueno y los perros de la calle
a quienes acaricié, dejaron de existir en un abrir y cerrar
de ojos.

No hay razones para volver al pasado,
ni escuchando nuevamente la canción de la que habla
de un bonito amor y donde la princesa

tiene un final feliz. No hay razón para contestarle
el teléfono al pasado,
ni hacer a un lado la ropa nueva en el clóset solo porque
la que está muy vieja sigue ahí metida haciendo espacio
por el recuerdo de que vivimos la vida en un tiempo
donde todo fue perfecto.

Lo siento, pero en este momento mi corazón está
en configuración.
Intento reiniciarlo, no quiero un beso en las mejillas,
ni en los labios.
No quiero que me distraigan. No tengo tiempo para ir
a comer helado con el pasado.

Lección de entendimiento

Somos demasiados tercos, o no sé si por amor nos vamos por el lado donde todo es perfecto al principio, donde nunca hay tormenta, donde los pájaros no mueren y nos caen bien hasta los insectos de la noche. No sé si por distracción no le damos importancia a la realidad y dejamos que nuestra mente se invente historias en mundos desconocidos donde nadie está triste, donde nadie tiene miedo, donde nadie conoce la mentira y donde nadie sabe lo que es la traición. He querido hacer las cosas bien desde que tengo razón. Las he querido hacer bien sin perder mi lugar en este mundo, sin nunca darme por vencido y sin sentirme incómodo por expresar mis emociones.

Días malos que pesan en el cuerpo, días en los que ni un bonito mensaje levanta el alma, días de distracción en los que al cerrar los ojos, me vuelvo a ir a esa vez que, con miedo, escalé una montaña. Donde retarme fue increíble, porque no me creía capaz, había frío y no se veía nada. Ahí supe que debía seguir, que si había comenzado algo, tenía que terminarlo. Tantas fueron las veces que guardé silencio porque no sabía cómo defenderme. Supongo que por terco, aunque la verdad, no sé.

Si te hablo de cómo me sentí cuando era un niño, me abrazarías para siempre, me llevarías a la cama, me leerías un cuento, me mirarías a los ojos y me pedirías que no tenga miedo, que lo malo ya ha pasado y que nadie va a lastimarme. Eso ahora es un recuerdo que existe en mi mente y despierta cuando me siento atrapado en mi propia historia. Pero en todo esto lo que importa es que uno va aprendiendo, porque en este recorrido al que muchos le llaman vida, los valientes son los que se quedan con todas las lecciones y son ellos los que realmente crecen, tanto que ni se dan cuenta.

Te preguntarás qué he aprendido, podría decirte que demasiadas cosas. Una de ellas es vivir con calma, que no hay que querer controlarlo todo, porque no se puede. Hay que existir y, en medio de ello, vivir. Pero vivir de verdad, una vida donde hay espacio para todo, incluso hasta para el terror de fallarnos muchas veces, pero con la fe que pronto lo haremos bien.

Sin arrepentimientos

No quiero olvidar, no quiero hacer borrón y cuenta nueva,
no quiero escapar a ningún lado pretendiendo que
nada pasó.
Le debo tantos favores a la luna, porque cuando
nadie estaba
ahí para escucharme, era la única que lo hacía.

Me quedo con todo lo que ha pasado,
no por castigo o porque pese demasiado,
me quedo porque eso es mío y de nadie más.
Son mis penas, mis dolores, mis historias y mis
deseos perdidos en el espacio.

Hoy quiero sentarme a solas, hablarme al espejo,
convencerme de que es hora de volver a la superficie,
pero me gustaría quedarme un ratito sumergido,
dormir hasta que vuelva a amanecer.
Ya no quiero vivir en ilusiones, en destellos que
iluminen los sitios donde mis viejos amigos estuvieron,
donde la vida me habló para decirme que disfrutara
ese pequeño
regalo, pero debía seguir mi camino,
y guardaríamos el secreto de querer quedarnos
y que nadie nos vería llorando.

No me arrepiento de lo que un día dije,
lo que un día desee, lo que un día escribí.
No me arrepiento porque soy una persona que
siente, que ama, que suplica al universo respuestas.
No me arrepiento de existir, ni de cerrar mis ojos
cuando no quise ver aquellas verdades que ya dolían.

Todo ha ido pasando,
y vamos liberando el peso.
Muchos se acercan para decirnos
que el dolor se va a calmar,
pero no todos se quedan
para hacerte compañía
mientras tú ordenas tu corazón,
apagas los gritos en tu mente,
y te curas el alma.

Muchos dicen estar,
pero la verdad es que no saben hacerlo.

Todo lo que alguna vez quise

La luz del sol se escondió entre las nubes que iban
de paseo,
así quise esconderme cuando las palabras de las personas
que amé demasiado, comenzaron a desnudarme
dejándome indefenso,
quería gritar pero esta vez de verdad, quería devolverme
al principio
y comenzar otra vez. Solo quería que por primera vez,
me vieran
y dijeran lo increíble que soy.

Entiendo que nadie está listo para sonreír
cuando no sabe qué hacer con su vida.
Comprendo si no están listos para decirme
que vayamos por algunas cervezas en la esquina,
y nos sentemos a hablar de la vida.

Supongo que he sido demasiado tonto, quizá
nada precavido
porque voy por la vida sonriéndole a todos como si
con eso me fuera a ganar un boleto a un mejor destino.
No sé qué es lo que me ha mantenido de pie.
No sé qué espero, no sé si llegarán a casa,
me llevaran a la playa y me van a decir
todo lo que alguna vez quise que me dijeran:
que no me preocupara de más, que no
me lastimara con pensamientos que
podrían acabar con mi poca estabilidad,
que soy suficiente, tanto como para
llenar una plaza con mi sonrisa y que la
gente se quede para ver, que la gente se quede a escuchar.

Y creo que lo que pasó fue que
me puse a esperar demasiado de los demás
y olvidé que no puedo esperar ni por mis propios
temores.

Un paseo en bicicleta
y aún mucho por decir

Quizá te estarás preguntando qué pasó conmigo luego de mi paseo por la isla, la llamada con mi abuela, mi encuentro con Marina y si finalmente volvería a casa. La verdad es que aún no, eso no sucedió porque quería seguir llevando las cosas con más calma, disfrutar mi estadía y continuar escribiendo frente al mar. La gente a veces me veía raro porque notaban cómo hablaba con Lucas, o incluso cuando hablaba conmigo mismo y sonreía solo. Pero esas cosas para nada me importan, no todos están acostumbrados a la locura ajena, de cómo otros ven la vida, o de cómo uno interpreta cada suceso. Sin duda alguna, mi vida está repleta de episodios que quizá no todos entenderían, por eso a veces hablo solo y no me importa si me ven, se ríen o me critican.

Quería otro día diferente, uno para seguir con lo mío, escuchar mi música favorita y no pensar demasiado sobre las cosas que me incomodan. Alquilé una bicicleta para salir a pasear por la ciudad y luego por las ciclovías cercanas a la playa. El clima apostaba por todo, así que quise aprovechar la ocasión para hacerlo. Me puse protector solar, mis lentes de sol, un pequeño bolso sobre mi espalda y a Lucas lo dejé con los cuidadores del hotel.

Mientras pedaleaba y la brisa golpeaba mi cara, mientras el ruido de la ciudad me perseguía y todo era un caos, yo iba sumergido en mi propio mundo, a pesar de que las distracciones estaban frente a mí y que tenía que mantener el control para no chocar con cualquier objeto, persona o incluso un vehículo. Iba disfrutando mi recorrido, el día estaba a mi favor y el calor no era tan caótico como en días pasados,

además que el cielo estaba despejado y podía mirar la intensidad de su color azul.

Pensarás que estoy loco, pero hay algo que me gusta hacer y es que miro a las personas e imagino sus vidas, sus casas, los lugares donde ríen y donde lloran, porque si algo tengo muy claro es que todos tenemos algo que contar, algo que guardamos tan profundamente que sacarlo a la superficie nos pondría a llorar. Por eso, en mi mente, los abrazo y les prometo que estarán bien, que sus vidas van a mejorar en el momento en que menos lo esperan.

Me gusta mirar a mi alrededor y ver las cosas que voy logrando, los nudos que voy desatando y lo capaz que soy de irme lejos si me lo propongo. Todo es cuestión de hacerlo sin pensar demasiado, de levantarte un día y decirte que lo harás, que es hora de que algo raro, pero muy llamativo, pase en tu vida. Creo que las buenas aventuras son para todos, pero más para los valientes que se despegan de lo cotidiano y se van a cualquier lado a disfrutar la vida.

Hice una primera parada antes de continuar con mi recorrido, el destino final era mirar otra vez el atardecer en conjunto con la tranquilidad del mar. Me quité los auriculares para escuchar los sonidos de fondo; había pedido un helado y me senté un rato mientras lo disfrutaba. Revisé mi celular para leer un par de mensajes y responderlos. Todo parecía estar bien, mi abuela se había ido a casa de una de sus amigas a jugar cartas, me envió varias fotos a mi celular y pude ver que la estaba pasando bien.

Solté nuevamente mi celular, pues quería seguir contemplando la tranquilidad que el día me estaba regalando. Por nada me iba a perder ese hermoso atardecer. Algunos surfistas disfrutaban el mar, a lo lejos podía observar que la gente la estaba pasando bastante bien; no quería menospreciar la oportunidad que la vida me estaba otorgando y no había necesidad de exigir más de lo que ya tenía. Me costó mucho llegar a esa parte, a reflexionar realmente sobre lo que necesito y qué debo hacer cuando las cosas salen mal.

Para mí esto no fue huir, no quiero verlo como un escape de mi realidad, para mí es algo diferente que debía vivir para conocerme más y entenderme, porque sé que nadie más lo hará y no puedo pelear contra eso. Terminé mi helado y continué pedaleando unos kilómetros más para llegar hasta la playa, en la misma orilla, cerca de la misma piedra gigante donde las olas chocan. Ahí me volví a sentar, como el primer día, y se sintió que todo estaba marchando bastante bien.

Estaba por regresar a casa, después de varios días y de quedarme a solas con mi perro, de conquistar nuevos lugares y conectarme conmigo. Creo que ya me sentía listo para dormir nuevamente en mi habitación.

—Alguien por ahí me dijo que muy pronto te irás —me dijo Marina, saliendo de las profundidades del mar.

—Veo que las noticias vuelan muy rápido —le respondí sonriendo.

—Tal vez, pero la verdad es que ya lo sé. Recuerda que me entero de todo —me respondió Marina.

—Sí, es cierto ya estoy por irme, esta semana lo hago, tengo muchas cosas pendientes que debo retomar —respondí.

—Recuerda que siempre estoy contigo, así que ya sé lo que harás, que pronto deberás regresar a casa —respondió afligida.

—Lo había olvidado, Marina —dije—. Había olvidado que tú en este viaje has estado conmigo desde que llegué.

—A partir de ahora, eso no va a pasar porque aunque tengas que irte, yo seguiré estando contigo —me respondió como si se tratara de un deseo que pudiera cumplir.

—Tu manera tan delicada de aparecer en el momento menos esperado, me sigue sorprendiendo —respondí mirándola fijamente.

—Ya sabes cómo soy, además no me gusta interrumpir tu tiempo a solas —respondió.

—Pero aquí estás y con esto no quiero que pienses que me estorbas porque no es así —respondí entre risas y continué—: La verdad es que siempre estoy esperando que aparezcas y así no me siento tan solo.

—Sé que no, puedo ser un poco fastidiosa, pero tengo una misión contigo —me dijo ella.

—Una no creo, para mí son varias porque estoy seguro de que más adelante sabré de ti —le respondí con la seguridad de que, en el futuro, nos volveremos a reencontrar.

—Yo espero lo mismo, Jordan. Tampoco olvides que el tiempo va de prisa y en un abrir y cerrar ojos las cosas cambian —me respondió y, antes de yo hacerlo me interrumpió—. Tal vez para la próxima vez yo ya no esté.

—Esto suena a una despedida y no me lo esperaba —respondí confundido.

—No, no lo es. Todavía no te has ido, pero cuando lo hagas, cuando tengas que irte a casa muy pronto, sé que me buscarás para despedirte —respondió.

—Antes de irme te buscaré. Creo que de no ser por ti no hubiese disfrutado el viaje como quería —le respondí algo triste.

—Tan lindo, tú siempre tan bonito y detallista con tus comentarios —me respondió regalándome una sonrisa.

—Es que si algo he aprendido en todos estos días contigo y en las veces que apareces cuando me acerco al agua, es que la belleza habita en todo lugar —le respondí.

—Solo que los humanos están tan ocupados que olvidan mirar a su alrededor por un momento —interrumpió.

—Por eso lo digo y me incluyo, contigo aprendí a hacer pausas, analizar mi realidad y anclarme a la tierra —le respondí.

—Lo has estado haciendo bien, pero no esperes que las cosas cambien o mejoren de un día para otro, eso es un proceso —me respondió.

—Lo sé, lo sé: Te prometo que ese proceso lo voy a saber disfrutar y te recordaré siempre, Marina —respondí mirando hacia el horizonte.

—¿Cómo te has sentido hoy? —me preguntó.

—Si te digo la verdad, hoy me siento ligero, me siento libre y echo de menos mi habitación. A pesar de lo hermoso de este lugar necesito estar en casa también, con mi abuela —respondí.

—Sabía que llegarías a esa conclusión, yo también echo de menos la mía —me respondió Marina y me confundí.

—No entiendo, ¿no se supone que este es tu hogar? —pregunté confundido.

—Mi hogar está en todos lados. La inmensidad del mar es mi hogar y quiero volver —me respondió.

—Me haces pensar que he sido una carga para ti —refuté.

—No, no lo eres, no te tomes de forma tan personal las cosas; hay que relajarse un poco —me interrumpió.

—Pero es que así parece, o no sé si estoy exagerando —respondí de inmediato.

—Sí, exageras. Cuando te digo que echo de menos mi hogar, me refiero a que echo de menos los mimos y palabras de mi madre. Ese es mi verdadero hogar —me respondió Marina con su voz quebrantada.

—Marina, no lo había visto de esa forma, discúlpame —respondí.

—Tranquilo, cariño, es que en tus ojos siempre he notado lo mucho que la extrañas y lo bonito que hablas de tu madre —respondió Marina.

—Recuerdo cuando tuve miedo el primer día que ella no estuvo en casa —respondí.

—Bueno, mira ahora donde estás, por supuesto que has podido, por supuesto que lo estás logrando —me respondió otorgando calma.

—Creo que más de lo que llegué a pensar y eso es algo que a mí me sorprende —respondí.

—La vida es un libro abierto y tú eres un personaje al que a pesar de las cosas que le pasan no deja de sonreír —respondió Marina.

—Espero que al volver a tu hogar, todavía me recuerdes, Marina. Ese lugar donde los abrazos de tu madre serán eternos —le respondí.

—Yo ya te llevo conmigo para siempre, porque sé que pronto también estaré en mi hogar. Como te dije antes, el tiempo va tan rápido que la vida no hay que desperdiciarla y yo he tenido una bastante increíble —me respondió.

—Me haré un tatuaje en tu honor, ¿me permites hacerlo? —pregunté.

—Será un honor para mí formar parte de tu piel —respondió.

—Serás un eterno recordatorio de que siempre hay que reír —respondí con una sonrisa.

Hubo silencio entre los dos, con sus palabras entendía que ella estaba muy cerca de despedirse de esta vida, pero supe que ha tenido una buena vida, me lo hizo saber y sé también que muchas veces tuvo que tocar fondo para reaccionar y entender su propia existencia. Ella me ayudó a tocar fondo. Lo hizo desde la reflexión, desde el amor, desde la empatía que se ha perdido y la oportunidad de comenzar

otra vez para hacerlo bien. Nunca me soltó y eso se sintió bastante bien.

Sentí nostalgia en las palabras de Marina. Ella sabía que pronto tendría que volver a casa, pero en esa breve conversación hubo mucha sinceridad de ambas partes. La realidad de este viaje fue para asimilar cosas que, en el pasado, no pude hacerlas y que venían arrastrándose a mi presente. Marina se había convertido en una amiga realmente amable y es de esas cosas que, en la vida, suceden una sola vez.

Continuamos hablando de muchas cosas más. Nos contamos chistes y los planes que teníamos. Ella seguiría nadando en el mar y seguiría explorando las profundidades. Me pidió que también lo hiciera, que no tuviera miedo de nadar a lo profundo de mis sentimientos y que hablara lo que hablo a solas sin pena, porque esa manera de lastimarme lo único que causaba es que sintiera más miedo.

La noche nos alcanzó. Me despedí de Marina. Yo tenía que volver por Lucas y dormir para descansar. Marina me prometió estar bien y que nos volveríamos a ver antes de irme a casa.

Uno aprende a amar y confiar en la libertad
cuando, al salir de casa, nos encontramos con
respuestas que, en nuestra habitación,
no podían estar.
Uno sale y se encuentra con la vida
y con muchas cosas por vivir.

Lista de cumplidos para esos días oscuros

1- Eres valiente.
2- Por supuesto que vas a poder.
3- Aprendes de cada error.
4- Tu sonrisa sigue siendo hermosa.
5- Tu vida es valiosa.
6- Eres inspiración para otros.
7- Eres una persona increíble.
8- Proyectas confianza y amor para otros.
9- Vas a lograr todo lo que quieras.
10- Tu felicidad no será interrumpida por nadie.
11- La recompensa que tiene el destino para ti es estar en paz.
12- La persona correcta sabrá amarte de verdad.
13- Los días bonitos también eres tú.
14- Eres fuerte y lo sabes.
15- En tus ojos todavía existe la bondad.

Intenta no esperar nada de nadie, de no ir por la vida creyendo que la gente te debe un favor solo porque existes o porque vas cruzando la calle. Tienes que entender que no todos van a mirarte, no todos van a quererte. Debes entender que muchas de las cosas que deseamos que sucedan, nunca van a pasar. Así que cuando necesites un verdadero cumplido, recuerda cada uno de los que acabas de leer arriba y sigue con lo tuyo. Todos están ocupados, todos tienen sus propias batallas, esa parte quiero que la recuerdes. Por supuesto que es bonito cuando nos hablan con palabras dulces y nos elogian, nos hacen sonrojar, pero cuando eso deje de pasar no te sientas mal, o mejor dicho, no te lo tomes como algo personal. Irás por la vida haciendo de todo, pero ahora puedes agregar una nueva rutina y es esa, la de hacerte cumplidos, regalarte un obsequio, comer a gusto lo que tú quieras y no olvidar que la vida es una sola. No tenemos que amargarnos el día, menos si no hay razón para hacerlo y, si la hay, mejor ignorarla y dejar que todo se arregle como deba arreglarse.

Supongo que ahora sí
sientes que estás tocando fondo,
y comienzas a hacerlo para
darte cuenta de lo que ya no te gusta,
y tienes que dejar ir. Supongo que esta vez
lo de aprender a ser más fuerte, lo tomarás en serio.

No seas tan cruel contigo

Te entiendo si me dices que ya no puedes más,
que te has cansado, que esperaste demasiado,
que lo diste todo y que simplemente ya no quieres
continuar en lo mismo de siempre.

Te entiendo si me dices que quieres hacer algo diferente,
que te has aburrido del día a día, que miras las horas
pasar y repites una y otra vez las mismas cosas que vienes
haciendo desde quién sabe cuándo.

Creo que estás despertando y estás mirando
con otros ojos la realidad que se disfrazó de
una breve felicidad para ti. Pero eso no significa
que todo está mal o pierdes lo que alguna
vez te hizo sonreír. Lo que ahora está sucediendo
es que necesitas sentir nuevas cosas y descubrir
en medio de lo que tienes y por lo que vas,
y que no es tarde para tomar decisiones.

Pero, por favor, no seas cruel contigo,
no te sientas idiota por pensar que
no lo hiciste a tiempo, o porque
sientes que diste todo de ti a alguien
que no lo valoró. Solo quédate a mirar
cómo vas dando un paso más, de cómo
te comienzas a atrever, de cómo te ríes
incluso de esa versión tuya que te hizo
creer que lo tuyo no era ser feliz.

Consejo para días malos

Ríete de ti, aunque caigas, aunque no tengas a nadie en casa con quien hablar, ríete de las veces que lloraste, ríete de la vez que quisiste tener a alguien y no estuvo a tu lado. Ríete de cuando creíste y sí pudiste, de lo que no creíste superar y lo hiciste. Ríe y abre la posibilidad de crear un mundo en tu cabeza donde todo sea bonito.

Los días malos también forman parte de nosotros, desnudan nuestro ser, nos sacan de la ilusión y nos dan bofetadas para despertar. Úsalos para reflexionar, para construir nuevos caminos. Úsalos para entender lo que todavía no puedes porque en ellos también puedes encontrar respuestas.

Quiero que recuerdes que llegará el día, no sé cuándo será, que vas a dar todo de ti, más de lo que tienes, buscarás siempre una excusa para quedarte, siempre intentarás sacarles una sonrisa a otros. Pero llegará el día en que, incluso en medio de la tempestad, vas a poder caminar.

Los días malos son oscuros, terribles y se burlan de nosotros, pero cuando te vayas a la cama y duermas, te vas a calmar. En días así, descansa porque lo necesitas. Si no quieres ver a nadie, no lo hagas. Es un momento a solas contigo.

Consejos para cuando no sepas qué hacer

No vas a tener la solución para todo. No tienes una varita mágica para conseguir lo que desees. Cuando no sepas qué hacer o no sepas a dónde ir, cuando no sepas a quién llamar o a quién acudir para hablar de lo que sientes y de lo que estás pasando, mírate en el espejo y piensa qué harías si, de la nada, estás a punto de caer en un precipicio, supongo que darás dos pasos hacia atrás y buscarás refugio.

Y si mejor te sientas, o te vas a algún lugar de tu casa, escribes lo que sientes y lo guardas y con los días lo buscas y lo quemas. Te aseguro que la vida te va a sonreír y tendrás todo lo que quieres. Vas a cumplir todos tus deseos y lo que creíste que fue en vano, finalmente te dará una respuesta.

No vas a saber qué hacer si el enojo tumbó la puerta. No vas a saber qué hacer si te expresas desde el enojo. Cuando no sepas qué hacer y nadie quiera acercarse a ti, lo mejor es que hagas silencio. Quizá puedes decir cosas que, luego de pensarlo muy bien, no las quisiste decir. Cuando no haya solución a nada, no pelees. Mejor reposa en la tranquilidad y no acabes con tu propia paz.

Consejo para cuando necesites un amigo

Cuidas como quieres que te cuiden, eso lo sé. Haces cosas por los demás como te gustaría a ti que alguien te las hiciera. Eres de las personas que siempre quiere estar y eso está muy bien, pues eso habla de lo increíble que eres. Solo recuerda que no todos saben ser buenos amigos, por eso hoy quiero ser tu amigo, pero uno de verdad, de aquellos que saben decirte las cosas sin filtros y, aunque al principio te sientas mal, luego te vas a reír y vas a entender que los buenos amigos también tienen conversaciones incómodas.

Hay amigos que pintan nuevos colores en la vida de otros. Ahora quiero que pienses en aquellos que pintan la tuya, los que se han quedado en tus situaciones críticas y no te han dado la espalda. Siempre vamos a necesitar un amigo, uno que haga compañía de verdad, que se tome desde una taza de té a dos botellas de cualquier licor, pero siempre vamos a necesitar un amigo que esté ahí.

Cuando llegues a tu casa, mirarás tu celular y ahí estarán. Hoy solamente quiero hablarte de los buenos amigos y preguntarte ¿cuántos dejaste en el pasado y que ahora no sabes nada de ellos?

Ejercicio:

Cierra tus ojos y piensa en la canción favorita que compartes con uno de tus amigos, quien entiende tus locuras y quien sigue tus juegos. Luego de que hagas eso, vas a darte cuenta de si tienes un mejor amigo o amiga. Ahí también radica el sentido de la vida.

Puedes hacer el ejercicio todas las veces que quieras, porque estoy seguro de que tienes muchos buenos amigos y ahora también me tienes a mí.

Consejo para cuando quieras un abrazo

Es sencillo lo que vas a hacer, exprésate y habla. No te castigues con el encierro, no destruyas lo que has construido por tu propia inseguridad. Es cierto que cada uno de nosotros ha tenido fuertes batallas, pero no tienes que esconderte de la vida, no tienes que huir para creerte indestructible. No actúes desde tu ego. Déjate querer y abrazar por quienes desean verte bien.

Hemos estado profundizando en las emociones, nadando y aprendiendo a hacerlo. Hemos estado en verano e invierno, sintiendo mucho frío y calor, viviendo cambios inesperados y está bien que, en algún momento del día, quieras un abrazo de alguien. Sea de quien sea, acéptalo.

Es lindo el amor, pero es más lindo cuando comenzamos a sentirlo, a entenderlo y a expresarlo. Eso comienza desde que entendemos que se aprende de los errores y lo que aprendemos es a no repetirlos, que somos humanos y que es normal querer afecto. No quiero que seas como aquellas personas arrogantes, cargadas de emociones oscuras, haciéndoles creer a los demás que se las saben todas. Esas son las que necesitan muchos abrazos y, aunque por dentro mueren, nunca lo van a admitir.

Cuando quieras un abrazo y nadie esté en casa, cruza tus brazos, cierra tus ojos, conéctate con tu ahora y abrázate.

Consejo para que necesites dejar ir

El tiempo pasó, todo pasó y tú sigues creyendo que las cosas serán como antes. No será cruel decirte que eso no va a pasar, que es hora de que comiences a soltar, a deshacerte de cargas que son tan pesadas que no te dejan pensar ni caminar. No eres culpable, no eres idiota, no te sientas inservible y no caigas en el juego de esos días donde vuelves a caer y te sientes la peor persona del mundo.

Piensa que a ti ya te soltaron, que te superaron, que las personas en las que piensas están haciendo su vida normal, creando historias con otras personas y están riendo. Mientras tanto tú, sigues empeñado con querer cambiar las cosas, retroceder y que algún día tocarán la puerta de tu corazón para volver a entrar.

Te destruyeron y no lo ves, jugaron contigo y no lo aceptas, se aprovecharon de la buena persona que eres, pero no, tampoco lo aceptas. No es una tarea fácil. Es tiempo para invertir y ponerlo en práctica. Ahora, mientras lees, enfócate en quién está a tu lado, en quién te deja un mensaje, quién te cuida y se preocupa por ti, quién busca la manera de verte sonreír, quién te regala un helado, un café o una manzana.

Es hora de que comiences a valorar el esfuerzo y el tiempo que otros te dedican y no solo eso, sino agradecer porque, aunque no lo entiendas, eso es una oportunidad que la vida te ha vuelto a dar, un boleto para ser feliz y tú aún no asimilas esa parte. No te conviertas en una persona que nada más vive y habla del pasado, y no supera que las cosas terminaron.

Comienza a soltar, a limpiar tu corazón, a acomodar tu vida, a ser mejor, a dejar el resentimiento que tienes por las acciones de los demás. Es hora de que dejes ir el dolor, la pena y te concentres en lo que realmente quieres para tu vida a partir de ahora. Ojalá puedas entenderlo, ojalá puedas lograrlo.

Así como tú...

Enséñame a ser como tú,
a ignorar las cosas malas de la vida,
a disfrutar de verdad las canciones.
Enséñame a sonreír cuando nadie quiere hacerlo,
y convierte mis mañanas en oportunidades,
enséñame a pasar por encima de los obstáculos,
y no dejes que nadie me vea llorar.
Enséñame muchas cosas mientras te sirvo
una copa de vino y me siento a tu lado
para seguir oyendo tus historias, esas
donde yo todavía no existía y en las que sientes
mucho frío.

Enséñame a seguir y alzar vuelo así tenga un ala rota y si
tengo miedo,
enséñame a lidiar con él para no caer
en el mar de lágrimas, ese donde
no he parado de nadar ni de sumergirme, porque no dejo
de buscar lo que ni siquiera sé que estoy buscando.
Mírame a la cara y enséñame a través de tus ojos cómo
ves la vida
y qué haces con todos esos pensamientos
que te llevan a la cama en un día largo.
Enséñame a no sentirme tan cansado,
pero sobre todo enséñame a vestirme para salir
a comerme el mundo y que los minutos
del reloj no vayan tan rápido ni hacer una
carrera con las cosas que me faltan por hacer.

ALEJANDRO SEQUERA

Y si en medio de la noche despierto, enséñame
a dormirme nuevamente, así de rápido como lo haces tú,
y llévame a la profundidad de tus sueños, y muéstrame
tu versión de pequeño, en la que reías y gritabas,
en la que todavía no sabías lo que era llorar.

En todo lo que he ido aprendiendo,
mientras mis pies siguen mojados,
acepto que hay quienes pasan por tu vida,
luego se van, te hacen tocar fondo,
y aun así, se vuelven inolvidables.

llamada entrante

No estaba teniendo una buena tarde. El dolor de cabeza era insoportable. No entendía qué estaba pasando, supongo que algo que comí me cayó mal, o, simplemente, agotamiento mental o estrés. La verdad no lo sé. Lo único que quería era estar en la cama para descansar, así que cerré las persianas y apagué la TV. Lucas estaba en el piso de la habitación cerca de mí, lo escuchaba hacer ruido jugando con mis zapatos; como siempre busca cualquier cosa con la que divertirse y liberar energía. Quería dormir un rato para ver si así el dolor paraba un poco, me había tomado un analgésico que yo esperaba hiciera efecto pronto. No quise almorzar, no me apetecía nada. No quería ser pesimista, pero no me gustaba para nada que, por primera vez, en todo el viaje, me sintiera así de mal. No quería hacer demasiado drama, así que solté mi teléfono, lo puse en la mesa de noche, junto a mí, apagué la lámpara y me dispuse a dormir.

Era imposible dormir. Pensaba mil cosas al mismo tiempo y mi mente estaba llena de deseos que quería cumplir en poco tiempo. No quería desesperarme, quería mantener la calma. No quería llevarme por delante a nada ni a nadie, pero libraba esa constante batalla de hacer las cosas en el menor tiempo posible. Pensaba dónde quería pasar la Navidad con mi abuela, qué hacer en año nuevo y qué próximos retos proponerme. Soy de crear planes a futuro pero en un corto plazo, debido a eso, a veces colapso porque las cosas no suelen ser cómo las espero, así que estoy aprendiendo sobre la calma y a no vivir con apuros, porque así no se disfruta nada. Pero de lo que sí estoy seguro, es que jamás dejaré de ser un soñador.

Cuando estuve a punto de quedarme dormido, mi celular comenzó a sonar; era mi abuela llamando nuevamente.

Le contesté y me preguntó que por qué no tenía puesta la videollamada. Le expliqué que estaba intentando tomar una siesta y que tenía dolor de cabeza. Me preguntó si había tomado algo y le dije que sí. La razón de su llamada era para saber de mí, por supuesto. Como siempre todo estaba marchando bien, le respondí y que pronto estaría en casa, que ya faltaban pocos días para vernos otra vez.

Estuvimos hablando por un largo rato. Pasaron alrededor de unos veinte minutos y la noción del tiempo se me fue entre el dolor insoportable. Mi abuela, del otro lado del teléfono, me preguntó por Lucas, cómo estaba y si estaba comiendo bien. A todas sus preguntas le respondía que sí, que todo estaba bien, que Lucas estaba bien alimentado y que yo también. Mi abuela es un poco necia, sin embargo intento no retarla para que esté tranquila y no se mortifique por mí. Lo único que le había pedido era que mantuviera la calma y le dije que pronto estaría en casa, que volveríamos a tomar café juntos, que volveríamos a jugar cartas con sus amigas y, por supuesto, la ayudaría a cuidar sus plantas. Ella suele ser melodramática, tanto como para terminar riéndome y ella se molesta.

Después de colgar la llamada, Lucas no dejaba de ladrar en el balcón. Eso me estresó porque el dolor de cabeza era insoportable y no quería ceder. Me dirigí hasta allá para ver qué estaba pasando y la verdad es que no estaba pasando nada. De alguna manera siento que quería llamar mi atención para que lo acompañara a ver la vista tan increíble del mar y ahí junto con él me senté y luego, en el balcón, el dolor de cabeza finalmente comenzó a ceder. Lucas estaba recostado sobre mis piernas y yo le acariciaba el pelaje. La tarde comenzaba a caer y los matices en el fondo eran bastante llamativos; para nadie era un secreto que iba a echar de menos este lugar cuando regresara a casa.

Al caer la noche me levanté para ducharme y cenar con Lucas. Le dejé un WhatsApp a mi abuela diciéndole que ya me sentía mucho mejor y que iba a dormir temprano, que si de casualidad quería llamarme otra vez y no contestaba era porque estaba dormido. Pedí algo ligero y una manzana. Luego me fui a la cama y puse una película que tenía pendiente y la había postergado en la tarde. Lucas dormía plácidamente. Dormir es su pasatiempo favorito, aunque cuando está enérgico es imparable, pero por las noches cuando sabe que vamos a dormir respeta ese momento, se sube a la cama y de allí nadie lo levanta.

Es mi compañero de aventuras y al que estoy acostumbrado. Además, fue un regalo de mi madre y por nada del mundo me gusta que estemos separados, así que por eso él va conmigo a todos lados.

Antes de apagar la TV para dormir, tomé mi diario para escribir un poco. Las ganas volvieron, las de escribir y sentirme conectado conmigo mismo y solo dejé que las palabras fluyeran de adentro hacia afuera.

Me resulta un poco difícil entender los parámetros de la vida, eso es algo con lo que voy a intentar dialogar siempre. En mi afán de siempre buscar más y más, sé que en el camino encontraré cosas que no estoy buscando, cosas que el destino me va a ir mostrando. No sé si lo hará para distraerme o para que me quede tranquilo y me deje llevar por las cosas que todavía me quedan por vivir. También me resulta difícil comprenderme a mí mismo, porque puedo estar en la mañana con la mejor cara y en la noche solo quiero desconectarme del mundo y no saber nada de

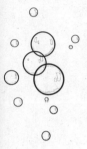

nadie. Pero aquí estoy. Junto a mí, duermen todas esas curiosidades con las que siempre hablo: los pensamientos que van de un lado a otro, los momentos inolvidables que los repito una y otra vez en mi mente. Hay voces que no puedo olvidar, palabras que no puedo borrar de mi corazón y sensaciones que no quise sentir pero lamentablemente las tuve que sentir porque, bueno, me tocó vivirlas.

Supongo que la vida también es eso, quedarnos a solas y pensar de verdad. Yo por lo menos las escribo y las guardo con la idea de leerlas más adelante y así poder ver si he cambiado mi forma de pensar.

Cerré mi diario, apagué la TV, bajé la intensidad de la luz de la lámpara y me quedé mirando a la nada, tranquilo para lograr, poco a poco, dormir. El dolor de cabeza había cesado por completo y la incomodidad que sentí por el día también desapareció. Supongo que era solamente había pasado por un mal momento y creo que es normal.

Encontrando respuestas

Me gustaría viajar al centro de mi corazón, sentarme en
una silla
y escuchar lo que tiene que decirme. Imagino que
será demasiado,
pero no importa porque se trata de que podría,
por primera vez,
encontrar el sentido de mi eterna búsqueda de respuestas.

Intento no hacer mucho escándalo, pero sí estar presente.
Intento prestar atención a cada señal y no ignoro
el momento.
Me lo tomo tan en serio que apago mi teléfono y a nadie
quiero ver incluso si tiene algo bueno o interesante
que decirme.

Ahora que me quiero más que antes y por nada
olvido las claves para acceder a mis sentimientos,
y ahora que el frío de la noche me persigue pero
ya sé arroparme, tengo la certeza de que
poco a poco comenzaré a darle respuesta a todo.
Pero si no lo logro, no pintaré de negro lo que le ha
devuelto la vida a mi corazón.

Podría fingir que nada pasó, pero para qué hacerlo.
Podría inventar cualquier historia o presumir de todas
mis pesadillas para que crean que, en verdad, pasaron,
pero no lo voy a hacer porque fue demasiado el tiempo
que pasó mientras intentaba sonreír, no sentirme solo
y estar a gusto conmigo mismo.

Yo sigo buscando respuesta.
Siempre será así, solo que ya no
me doy mala vida como antes.
Ahora solo voy con más paciencia.

Boleto a la oportunidad

A veces me pregunto cómo sería intentar algo por primera
vez y lograrlo.
Me gustaría que todo fuese como en las historias que los
niños cuentan, en las que todo sale bien y no hay dudas.
Quisiera sentir, en algún momento, que las oportunidades
se van a sentar conmigo y no se irán a ningún lado,
que aprenderán a tenerme paciencia, así como yo
la tengo mientras espero que ellas vengan.

Cada vez que puedo me recuerdo que todavía quedan
boletos a las oportunidades, razones para seguir
tomando vuelo,
que no hay que dejar que las horas pasen y solo quedarnos
en casa sufriendo porque no estamos en guerra con
nuestra mente.
Un boleto para volver a nosotros, un boleto para
la felicidad,
un boleto para el primer beso con la persona que te gusta,
un boleto para encontrar los diamantes del amor
y guardarlos
en el bolsillo del corazón.

Un día estuve caminando y el sol me quemaba la piel.
Pero ahora manejo mi primer auto y la verdad no sé
qué fue lo que hice bien. Mi amigo el tiempo me dice
que supe aprovechar ese boleto para conquistar un sueño.

Ahora comienzo a creerle. Te lo digo porque justo ahora
la sensación de tranquilidad con la que flota mi cuerpo
me hace pensar en aquella vez cuando estuve
sentado sobre la arena blanca, mirando el mar,
y sintiendo que la vida era buena conmigo.
No dije nada, solo me quedé mirando;
me quedé contemplando ese instante
porque era mío y de nadie más.

Hora de buscar la tranquilidad

Rompí las reglas, tomé mi mochila, me puse mis zapatos,
abrí la ventana de mi habitación y la puerta la dejé abierta.
Ya no me importaba si el sol me quemaba, si los amigos
se fueron de casa, si mi prenda favorita ya no me gustaba.

Rompí las reglas solo para salir a buscar algo,
sin saber qué podía encontrar. Quería que la vida
me sorprendiera,
que me regalara por ratos citas con
destinos inciertos. Que también tuviera el bonito gesto de
darme la mano, no soltarla, acariciarla.
Y luego de pensar mucho, de intentar mediar
por la intranquilidad de otros, entendí que mi
paciencia estaba en el límite, que se agotaron
las ganas de salvar a quien no le interesa
ser salvado y eso no podía seguir así.
Me he dejado llevar, he dibujado en mi
piel los caminos que, en algún momento,
caminaré. He escrito historias que
se han quedado guardadas bajo mi almohada.
He escrito notas que se encuentran por toda la casa.
Le he regalado a mi cuerpo la alegría de echarnos
en el sofá y desconectarnos del mundo,
y de ahí viene, por arte de magia, la sensación
de paz donde los problemas se borran
y no existe error entre el presente y lo que
pienso cuando me pongo a recordar.

Hora de buscar tranquilidad, de hacerlo en aquello que te gusta a ti, lo que quisieras comer y lo que debes sanar. Tocamos fondo cuando sabemos que es hora de regalarnos espacios tranquilos donde nadie venga a molestarnos.

Cicatrices y libros

Si todos tuvieran la oportunidad de ver a través de mis ojos,
conocerían el miedo que tengo al dormir por las noches,
sobre todo cuando me toca hacerlo solo en una casa grande,
con árboles alrededor, donde lo único que se escucha es
el tecleo
mientras escribo y cuando ya no hay nadie en la calle,
salvo los perros,
los gatos y algún otro animal como los búhos y
los murciélagos.

Pero si pudieran ver la vida a través de mis ojos,
verían cicatrices
y libros que me han hecho sentir que es normal
pensar demasiado,
formular preguntas y guardar secretos para después
hablarlos con
alguien que, de alguna manera, al platicar, sepa de lo
que estoy hablando,
y me arrebate el peso de no sentirme comprendido.
No quiero exigir demasiado porque la gente se ofende
por cosas que uno puede pedir, pero me gustaría
que las flores, antes de marchitarse, pudieran decir algo,
opinar qué les pareció existir y que también vean, a través
de mis ojos, que no estoy tan loco cuando hablo de que
el amor puede encontrarse en cualquier parte y que la única
tarea que tenemos como seres humanos es cuidarlo.

A los libros que guardo en mi habitación y unos cuantos
que reposan en mi sala, a las cicatrices de ayer y que
siguen ahí como tatuajes, los mantengo junto a mí por
alguna razón.

Quizá porque cuando nadie pudo entenderme y mientras yo
sanaba, ellos me hablaron para hacerme compañía y fueron
testigos que mis heridas, aun estando por dentro, podían
notarse. Por mi manera de hablar cuando
algo no me gusta, o
lo alerta que siempre estoy por si algo sale mal.
Entre libros, risas fugaces,
cicatrices de colores y un par de canciones,
hoy puedo decir que
sigo de este lado mirando mis paredes y mi presente.

Soplando dudas

En mi próximo cumpleaños, cuando la torta
esté sobre la mesa,
hayan apagado las luces y enciendan las velas y después de
que haya pedido un deseo, habré soplado también las dudas
con las que me visto por las mañanas, dejaré de entregarme
a la soledad y no voy a pretender escapar cuando
me vuelvan
a lastimar. Ahora veo las cosas muy diferente. Ahora sé que
mi valor va más allá de lo que puede dolerme,
porque si las palabras
lastiman, me voy a asegurar de diseñar
una barrera que impida
que eso sobrepase todo y llegue hasta el fondo de mi alma.

Y después que todos se hayan ido de casa y yo me quede
recogiendo el desastre, imaginaré que también lo
estoy haciendo
con aquello que todavía sigue regado y me incomoda.
He pospuesto mucho en mi vida, pero sé
que ya no es lo mismo
de antes, cuando no me creía capaz, cuando no me
creía merecedor
de nada, cuando era incapaz de darme
un cumplido y odiaba
mirarme al espejo, cuando las fotos eran un
delito para mí y salir
a pasear era portarse mal.
Entraré a mi habitación, apagaré mi TV y me iré a la cama.
Estoy seguro de que voy a responder mensajes faltantes,
aquellos que omití para dedicarles tiempo. Lo mismo
voy a hacer con mis tareas pendientes, las que he omitido

porque hubo alguien que una vez me dijo que
era imposible,
y por inseguro, le creí. Después me iré a
dormir con la esperanza
de cerrar mis ojos y descansar toda la noche, con
la esperanza que las pesadillas
no me interrumpan y que mi cuerpo
se libere del estrés del día.
Lo mismo haré a partir del día siguiente,
liberarme de los enojos,
los viejos rencores pero, sobre todo,
los pensamientos oscuros.

Y luego de soplar mis dudas, me iré por un helado
o un café.

Dueños de nuestro destino

Una vez escuché una canción que hablaba de lo que
es nuestro.
Iba camino a la universidad, con los audífonos en
mis oídos,
iba solo por la acera y recuerdo que, en ese momento,
me sentía confundido porque estaba aburrido de lo mismo,
cuestionándome si lo que hacía era realmente lo que quería.
Pero luego de pensarlo mucho, de conocer nuevas personas
y caminar sobre la tierra, entendí que
hay destinos que ya son
nuestros, que hay que transitarlos por
muy incómodos que sean.

No sé de dónde saqué tanta paciencia.
Pero eso ya no importa
porque me miro desde el otro lado y veo los kilómetros
recorridos que me
alejaron del punto de partida. Y lo único que hago ahora
es dar gracias porque de no ser por esas pruebas en la que
me exigieron tanto, no estaría aquí, sentado disfrutando de
la música y mirando a mi alrededor.

Todo ha sido fantástico y si te hablo de las veces
que fui al río y me sumergí en lo profundo,
los días en bicicleta en pleno verano y subiendo montañas,
estoy seguro de que te gustaría hacer eso conmigo.
He dejado varias cosas en el pasado que me gustaría
traer de vuelta porque sanan mi alma,
como sentarme en una piedra, escuchar la corriente del
agua y los pájaros en los árboles cantando y volando
de un lado

a otro; el agua fría haciendo temblar mi cuerpo y la luz
del sol entrando como puede a través de los árboles.
Ahí es cuando la vida para mí es perfecta.

Ahí es cuando sonrío y cada uno de mis destinos
los hago míos, los hago parte de mí.

Una sorpresa inesperada

Me desvelé pero no me sentí culpable porque en mi mente ya no había pensamientos que destruyeran mi tranquilidad. Luego de buscar a Lucas y subir a la habitación, cené y él también. Luego me di una ducha larga y me tomé un par de copas de vino. Miré por la ventana y la luna estaba resplandeciente como si quisiera decirme algo o quizá no, quizá, solo estaba ahí para que yo pudiera verla y así recordara que, ante cualquier oscuridad, la luz siempre buscará la manera de entrar por algún ladito.

La música de fondo ayudaba a relajarme. Me sentía en calma, como si la guerra que alguna vez enfrenté nunca hubiera existido y como si todo lo que pasó y me lastimó, desapareció hasta de mi mente. Por supuesto que soy consciente de que eso es imposible, pero regalarme ese estado de paz, de tranquilidad, donde nada se mueve, donde no hago juegos con lo que pienso y no me autosaboteo, fue lo que necesité que por mucho tiempo. No quería ir más lejos; ya no era necesario. Ya no tenía ganas de escribir cosas tristes porque ya lo había hecho y no voy a negar que fue un largo tormento del cual no creí sobrevivir.

Quisiera entender cómo algunos pasan por encima de todo. Son aquellos que guardan silencio pero sé que tienen mucho que contar y tienen esa manera de cerrar la puerta y no abrirla, tienen esa fuerza y no sé de dónde la sacan para seguir caminando como si nada les hubiese perturbado. Sé que muchas veces quisieron refugiarse en algún lugar donde nadie tuviera razones para juzgarlos, pero al no conseguirlo se fueron a la soledad y ahí se quedaron. Creo que algunos tocan fondo y ahí duermen, ahí se quedan con todo eso que les pesa, se quedan con el corazón apretado, con la mente vuelta un caos, esperando que alguien se sumerja y los rescate.

No quiero que me pase lo mismo. Hablo de quedarme dormido en el fondo de mi tristeza y no hacer nada al respecto para salir de ella. No quiero rendirme todavía y creo que nunca lo haré. Seguiré en mi búsqueda, seguiré aprendiendo, seguiré queriéndome como lo hago, con intensidad y, si algún día olvido mi nombre, ojalá la vida me haya llevado a los brazos correctos para recordarlo.

Por la mañana recibí una llamada de la recepción, me pareció bastante raro porque no lo habían hecho desde que llegué. Me dijeron que alguien me estaba esperando y que si podía bajar en la mayor brevedad posible. Pregunté de quién se trataba, pero no me quisieron decir, que simplemente debía bajar por indicaciones de la persona que me estaba esperando. Acepté, pero les pedí que me dieran unos minutos mientras me duchaba y me arreglaba, además que no tenía otro plan más que quedarme toda la mañana en la habitación mirando películas con Lucas y quizá por la tarde salir a caminar un poco para despejar la mente.

Ya no me sorprende que la vida me dé sorpresas, pero esta sí que me sorprendió muchísimo. Al bajar miré que la persona que me estaba esperando era mi mejor amiga y en sus manos tenía un hermoso arreglo de girasoles. Sabe lo mucho que los amo y siempre me regala uno cuando sabe que no estoy teniendo un buen momento. Luego de bajar nos abrazamos fuerte, ella no paraba de reírse y yo tampoco. Pero sí me pareció muy raro que me hubiera encontrado porque ella no sabía dónde estaba yo. Luego me confesó que mi abuela se lo había dicho.

Me entregó diez girasoles y cada uno de ellos tenía una pequeña nota escrita. Sammy es de las pocas amigas que han sabido estar presente. A veces discutimos por tonterías, pero el apoyo incondicional nunca se ha terminado. Mi abuela la adora y forma parte de mi familia, así como yo también de la suya. Su mamá siempre que me ve, me dice que ella es mi madre adoptiva y yo acepto ese cumplido porque realmente me hace sentir muy a gusto.

Las tarjetas venían en diferentes colores y me pidió que todavía no las leyera, que lo hiciera luego, que primero quería relajarse, tomar una ducha y comer algo. Ella tenía demasiadas preguntas que hacerme y yo tenía pena de responderlas. Es la persona en la que más confío. Pero, sinceramente, quería estar solo para ver lo que era capaz de lograr, aunque la entiendo, porque cuando amamos a las personas y nos importan, haríamos lo que fuera para que estén bien.

Subimos para alistarnos y salir a pasear. Lucas estaba contento de ver a Sammy porque ella siempre tiene algún regalo para él; ella es quien lo tiene mimado con sus juguetes y, por supuesto, esta vez también a él también le trajo algo. Mientras esperaba a Sammy, me senté en el borde de la cama a pensar. Ella estaba en otra habitación y yo debía esperar su mensaje para salir. Había llegado a la conclusión de que era el momento de regresar a lo que soy, lo que valgo y represento para mí mismo. Ya no quería participar en el juego de mis propios miedos. Era el momento de que todo eso se detuviera de una vez por todas, y aceptar que las cosas que van pasando y no las puedo detener.

Busqué mi diario, en donde escribo todo lo que pienso y al que ya le quedaban pocas páginas, para escribir algo, pues tenía unos momentos para hacerlo, pues Sammy se toma su tiempo para arreglarse y peinarse.

A partir de ahora voy a aceptar todo lo que pase, ya no quiero tenerle miedo a nada, a los pensamientos rumiantes, a crear caos en mi mente sobre cosas que no han pasado; quiero silenciar el ruido en mi mente, relajarme un poco y disfrutar la vida con todos sus colores, con todo lo que tenga para mí. Quiero transformar mi tristeza en la motivación

que me abra la siguiente puerta y cambiar de lugar; de pensar, y no llorar. Tocaré fondo cada vez que lo necesite. No porque deba entenderlo todo, no es necesario, tocaré fondo cada vez que la vida me pida que lo haga.

Mi celular sonó. Era Sammy diciéndome que estaba lista. Entonces cerré mi diario, lo guardé en la gaveta de la mesa de noche, agarré mi bolso y me fui con Lucas a la siguiente habitación para buscarla. Bajamos y lo primero que le pedí fue que no comenzara con la manía de querer irse a todos lados en bus o en algún taxi, que lo mejor era caminar para que conociera mejor los lugares y ella aceptó.

Fue un día increíble y pasaron muchas cosas bonitas. Comimos en varios lugares y ella no dejaba de mirar a los chicos. Todos le parecían guapísimos y yo solo me reía mientras Lucas olfateaba y caminábamos.

—En serio te eché de menos, idiota —me dijo Sammy.

—¡Ay, *baby*! Créeme que yo también a ti —le respondí poniendo mi mano sobre su hombro mientras caminábamos.

—¡Hum! No parece. A duras penas respondes mis WhatsApp —me respondió tajante.

—No te lo tomes como algo personal. Además, agradece que lo haya hecho —le respondí de inmediato.

—Tú siempre con tu prepotencia —me respondió y no entendí a qué se refería.

—No lo digo en mal sentido, sino que a ti te respondía y a mi abuela también —le dije intentando que no creara un drama innecesario.

—¿Qué significa eso? —preguntó.

—Bueno, lo único que quería era un momento a solas conmigo —le respondí.

—¿Por qué? —preguntó insistente.

—Porque para mí era necesario. Para ti no es un secreto que me gusta lo diferente, lo poco común, algo fuera de casa, ya sabes. Quería algo que me motivara a explorar más allá de mi habitación —respondí.

—Suena inspirador, pero me hubiese gustado que me invitaras —me respondió.

—No te sientas excluida, además hemos hecho viajes juntos, malcriada —refuté para calmar su tonto enojo.

—Echaba de menos a mi mejor amigo, es todo —me respondió y le sonreí.

—Yo también a ti, pero espero que puedas entenderme —le respondí mientras seguíamos caminando.

—Está bien, explícame la razón de esta nueva aventura —me preguntó. Sammy siempre siente curiosidad por todo.

—Bueno, esta aventura, como dices tú, la llamo "Tocar fondo" —respondí.

—¡Hum! Tocar fondo, *okay*, pero explícame más de qué va o qué significa eso —ella no dejaba de indagar con todas sus preguntas.

—Simplemente eso, tocar fondo y es algo que debió pasar hace mucho tiempo, pero antes no estaba listo para hacerlo —le respondí.

—Tú y tu manera de conseguirle a todo… no sé, un motivo para ser mejores, para conocernos más como personas y superar cualquier obstáculo —me respondió.

—Más que eso, Sammy es encontrar la paz que muchas veces se pierde y créeme que eso es lo que ahora necesito —le respondí recordando las cosas que habían sucedido en este lugar.

—Lo sé, sé a qué te refieres y sé que no ha sido fácil para ti —me respondió mirándome a los ojos.

—Por eso hago lo que hago. Creo que ya era hora de, no sé, aceptar las cosas como son, no pelear más con mi mente y dejar que todo comience a fluir —respondí e hice silencio.

—Y así como dices, estás tocando fondo y desde ese punto siento que verás la vida de otra manera —respondió y finalmente creo que Sammy comenzaba a entenderme.

—Es la idea, Sammy. Es la idea —refuté.

—Te quiero mucho, Jordan —me dijo.

—Y yo más a ti. Gracias por estar y aparecer de la nada, eso me alegró el día —le respondí.

Continuamos caminando, llegamos a una tienda de dulces, compramos algunos, e invité a Sammy a que se sentara conmigo en la arena, cerca de la orilla de la playa y ahí le conté lo que estuve haciendo, y cómo me sentía. Iba a responder sus preguntas y así se quedaría tranquila. Ha sido un proceso largo conmigo mismo, días sin poder dormir, muchas dudas, no sentirme bien con la persona que soy; de estar varado muchas veces en mi mente. Ese momento lo quería para mí y quería que ella lo entendiera; que pudiera comprender que muchas veces necesitamos tiempo extra y a solas para ordenar nuestro propio desastre, limpiar nuestro corazón y deshacernos de lo que ya no sirve.

Lloramos juntos, me abrazó fuerte. Al final cedí y agradecí su compañía porque, después de todo, la vida es más bonita con algo de apoyo. La inmensidad del mar nos regaló esa tarde el mejor de los paisajes, el sol cayendo, las gaviotas volando de un lado a otro. Ahí también toqué fondo. Descubrí que eso también es vivir. A pesar de que hay cosas que nunca podemos olvidar, tenemos que darle espacio a lo que nos toca vivir y no sentirnos mal por si el destino nos tiene preparadas cosas que merecemos.

La noche nos saludó con una brisa fría que erizó nuestra piel. Era hora de volver al hotel. Yo debía comenzar a

preparar las maletas, porque me quedaba poco tiempo ahí. No me sentía triste, me sentía tranquilo porque fueron días extraordinarios. Esa noche Sammy me pidió que leyera las notas, que lo hiciera a solas porque quería regalarme esa intimidad. Acepté el reto y le dije que, cualquier cosa, estaría al pendiente en mi celular. Nos despedimos, ella abrazó a Lucas y luego a mí, y se fue a su habitación.

Me serví una copa de vino, me senté en el balcón, quité las notas de los girasoles y los puse en la mesa que me acompañaba. Encendí un incienso y de fondo puse música ligera.

Nota 1, color verde: estás en constante renovación y eso es algo que admiro de ti, tanto que me inspiraste para tomar este viaje y decirte que te eché de menos y que eres una de las personas más bonitas que existe, y que siempre doy gracias porque eres mi mejor amigo.

Nota 2, color azul: en ocasiones te gusta alejarte. Tu inteligencia te lleva muy lejos y la forma en la que todo este tiempo me has regalado tu confianza me hace parte de ti. Contigo he aprendido a reflexionar hasta sobre mi propia existencia.

Nota 3, color blanco: siempre he mirado cómo, de alguna manera, limpias tu entorno buscando paz; eres increíble en cualquier aspecto.

Nota 4, color morado: eres amante de la magia y es que puedo verlo por la forma en que enfrentas todo, con esa creatividad para quererlo todo, sonreír y amar la vida a pesar de la adversidad. Eres magia hecha persona, Jordan.

Nota 5, color amarillo: tu felicidad es también la mía. Nunca olvidaré todos nuestros momentos tristes y felices, por eso aquí me tienes.

Nota 6, color rojo: no dejas de tener pasión por las cosas que te gustan hacer. Eso es algo que también he aprendido de ti. Tú siempre tomas la iniciativa y aunque no lo veas o creas, estás en constante crecimiento.

Nota 7, color naranja: te admiro por lo generoso que eres. Siempre andas con el entusiasmo de hacer cosas buenas y dejar una bonita huella en esta vida.

Nota 8, color rosa: eres de las personas más bellas que he conocido, no solo por fuera sino también por dentro. Sin duda alguna contigo he aprendido a alejar las preocupaciones.

Nota 9, color gris: eres de las personas más misteriosas que conozco, cambias de lugar sin avisar y eso lo admiro. Esa forma de tomar decisiones y como superas ciertas situaciones a tu manera y en el tiempo que lo requieras. Eso también lo admiro.

Nota 10, color turquesa: te gusta el equilibrio. Puede que, en ocasiones, te gane el caos, pero siempre consigues la manera de persuadir esas emociones y llegar a un estado tranquilo.

Las notas de Sammy me dejaron sin palabras. Derramé lágrimas porque la emoción fue demasiado grande. Por supuesto que había buscado en internet el significado de cada color y asoció cada uno a mí. Recogí las tarjetas, las guardé en mi diario, apagué la música, me fui a la cama y de inmediato se subió Lucas.

Le envié un mensaje de WhatsApp dándole las gracias por el gesto tan hermoso que tuvo. No recibí la notificación de que ella lo había recibido, entonces asumí que ya estaba dormida, además de que era tardísimo y el vino comenzaba a hacer efecto. No dejaba de pensar en cada palabra escrita y no me quedó más que dar gracias porque, de alguna forma, la vida me hizo tocar fondo para saber valorar las buenas cosas que me regala y no vivir con el sufrimiento de las que no salen bien.

Sentí que la noche se hizo eterna porque caí en un sueño tan profundo que, al despertar, sentí que había estado dormido por horas. Al revisar mi celular, Sammy me había respondido que estaba agradecida por mi amistad y que estaba contenta porque me había gustado todo. Además se despidió y me dijo que nos volveríamos a ver al llegar a casa; ella tenía cosas que hacer y debía regresar lo más pronto posible. Eso también me tomó por sorpresa porque pensé que viajaría conmigo a casa. No le di más vuelta al asunto y me preparé para desayunar y comenzar a despedirme de aquel lugar.

Antes de irme, tenía que hacer una última cosa. Bajé de la habitación y me dirigí a la playa. Solo fue cuestión de tiempo para que Marina se hiciera presente otra vez. Por supuesto, ella sabía que había llegado el momento de la despedida. Nos agradecimos por la compañía mutua y le prometí que pronto estaría de vuelta. Ella me comentó que los días en los que no nos vimos los utilizó para conectarse también

con ella misma, que había aprendido de mí a no tenerle tanto miedo a la vida. Fue algo que realmente me sorprendió porque después de todo, parece que ella también aprendió de mí y eso es algo que jamás voy a olvidar. Para finalizar, me regaló una pulsera para que no olvidara ese reencuentro y dijo que cuando nos volviéramos a ver la pulsera cambiaría de color.

Caminando de regreso al hotel para buscar mis maletas y a Lucas. No dejaba de pensar en todo lo que me había pasado durante la estadía en ese lugar. En ese momento la vida se sintió bastante tranquila y de alguna manera todo fue como si hasta el sol me sonriera. Las cosas bonitas que me dejó escritas Sammy, mis encuentros con Marina, mi visita a la isla mágica y todo lo que aprendí en ese tiempo realmente me hicieron sentir que merecía lo que estaba viviendo y por primera vez en mi vida supe dar gracias y decirle al universo que entendía cada uno de sus mensajes.

Me fui a casa luego de varios días en la playa. Lucas y yo estábamos agotados, mi abuela estaba súper contenta con todos los regalos que le traje y me pidió que por favor el próximo viaje la llevara conmigo. Ella entendió que para mí era importante hacer algo a solas porque no se trataba solamente de soltar muchas cosas, entender otras, sino que, de alguna manera, tocar fondo me ayudaría a continuar con mi vida de la mejor manera. Me preparó una taza de café y galletas, se sentó conmigo en la mesa y hablamos de todas las cosas que hice durante el viaje. Le pregunté cómo se había sentido y me dijo que estaba bastante mejor, pero que para ella es muy difícil entender y poder comprender la partida de mi madre. Por mi parte, yo le dije que era algo que ya estaba entendiendo, que ella había tenido su vida y que la mejor forma de recordarla era con aquellos recuerdos donde éramos felices, no con los tristes.

Regresar a casa me hizo entender que siempre encontraremos la manera de retornar a nosotros mismos. En mi habitación sentí paz. No había mucho que decir y lo único que quería era poder descansar y así lo hice. Lucas durmió nuevamente en su cama y mi abuela estaba más tranquila por tenerme en casa. Pensé en Marina y la pulsera que me había regalado. No me la iba a quitar por nada porque significaba mucho para mí.

Una promesa que debe perdurar

Nunca más creer
que no puedo hacer algo.
Siempre voy a lograr lo que me propongo,
siempre encontraré la manera
de seguir sin importar cuántas
veces tenga que caerme.

Noche de despedidas

Entre el punto de inicio y de llegada, dicen que existe una
pequeña línea,
o una palabra, o una acción que hiera las intenciones
del otro,
acaba con los sentimientos y rompe por dentro lo que se
había vuelto
a construir. De nada vale que se intente reparar porque
el hilo de la confianza
se ha roto y no hay manera de volver a atarlo.

Te llegará a ti esa noche, cuando dejes de pedirle deseos
a las estrellas, o escribirle cartas a la luna para
que vuelva,
y en tu tiempo libre, cuando salgas por ahí a hacer
cualquier cosa, no se va a complicar las cosas.
Te vas a enfrentar a ese monstruo que se robó
hasta tu sonrisa y luego de que te hayas levantado
del derrumbe, tu corazón se va a alejar de lo que lo
hizo llorar.

Cuando pase el efecto del dolor,
ojala sigas mirando la vida con
la ilusión que viene pegada en tu pecho,
y mires nuevamente por tu ventana,
porque habitas en un país donde los
valientes de verdad no odian,
no olvidan, pero aprenden a perdonar
sus errores para seguir buscando,
hasta en el fondo del universo,
la libertad, sin miedo, sin pena.

Y cuando llegue noviembre y sientas que el año comienza a terminar, mira lo que ha pasado en todo ese tiempo y asegúrate de que todo lo que ha pasado, te ha servido para amar, despertar, seguir soñando, luchando y buscando los caminos que te harán escribir nuevas historias.

Riéndonos de nuestros defectos

Las carcajadas son música para el alma.
Ayudan a disimular los pasos en falso que hemos dado,
y muchas veces son testigo de nuestros silencios.
Pero están cuando la vida nos sonríe.
Daríamos la vida para borrar de nuestra mente
varios momentos, pero tocando fondo descubrimos
que es mejor quedarnos con todo y si la melancolía
nos da un beso en la mejilla, no importa, si la dejamos
tranquila.

Que el viento se lleve lo que se tenga que llevar,
que las idas al mar nos hagan recuperar la fe,
que las citas con buenos amigos nos
devuelvan a esa parte donde nos sentimos
como unos niños, que las nuevas canciones
nos despierten y si no hay nadie con quien hablar
no importa, no es el final.

Ahora que sabemos que no somos perfectos,
y lo aceptamos. Ya no hay necesidad de armar
un drama ni volver a la guerra interna en la que
siempre vamos a perder. Ahora que sacamos
de nosotros todos esos pensamientos y
ordenamos un poco, ahora que nos reímos
de nuestros defectos y no pasa nada,
es que entendemos que hemos llegado
a la parte donde ya no nos castigamos
ni juzgamos, y tampoco nos sentimos menos.

Tocando Fondo

Y si un día vuelves a casa y sientes algo raro dentro de ti, que nada coincide, o es tu mente la que quiere jugar contigo otra vez, no prestes atención, no hagas caso, no tienes por qué pensar de esa manera. Descansa y ralentiza tu mente porque muchas veces nosotros mismos nos convertimos en nuestro propio enemigo.

Si logras dominar esa parte en la que tus defectos pasan a otro plano y dejas de querer encajar donde sabes que no tienes un lugar, comenzarás a entender muchas cosas de ti. Serás más amable contigo, serás una mejor persona y todo lo que está frente a ti, sea bueno o malo, lo tomarás con calma. Recuerdo cuando hice cosas solo para caerles bien a quienes nunca fueron mis amigos y, al final, me di cuenta de que eso no valía la pena, que no tenía sentido, que estaba fallándome y no me daba cuenta del daño que me estaba causando.

Ahora que lo pienso, fui demasiado tonto en esa época, pero no quiero juzgarme por eso. Apenas era un adolescente y en esa edad queremos caer bien y sentirnos parte de algo, pero no somos conscientes de que nos sacrificamos por nada. Si te pregunto dónde están esos amigos del pasado, estoy seguro de que me dirías que no sabes, que ahora tienes otros y te hacen mejor persona. Para mí fue mejor cambiar de lugar y de pensar; convencerme de que yo soy suficiente y de rodearme de buenas personas. Más que una elección, es una reflexión sobre cómo estamos actuando ante la vida y de que lo que tenemos frente a nosotros no es impedimento para nada.

Y con todo eso he conservado el entusiasmo, a pesar de que, en ocasiones, lo único que quiero es desaparecer y que al despertar la sensación de enojo conmigo mismo, se haya marchado. Con el tiempo he aprendido incluso a reírme de mis propios defectos.

Somos valientes

Somos valientes porque cuando nadie
quiere levantarse, nosotros lo hacemos.
Somos valientes porque
cuando la vida duele, de alguna manera y, aun con
lágrimas en los
ojos, aceptamos el reto de seguir con vida.
Somos valientes porque
las despedidas que más nos han dolido son las que nos
han enseñado
que nuestro existir es efímero y por eso hay
que disfrutar a la gente que
amamos, y que ellos también hagan lo mismo.
Somos valientes porque
a pesar de los miedos, no nos importa lo que viene.
Vamos contra todo
pronóstico y, aun sin saber qué va a pasar, seguimos de pie.

Somos valientes porque fuimos a nadar sin saber hacerlo.
Comenzamos a aprender y comenzamos a tocar fondo
para entender muchas cosas, para cambiar otras, pero
lo hicimos para asegurarnos de que vamos a poder;
de que siempre logramos alcanzar la siguiente meta,
y con el pasar de los meses y con el pasar del día,
y cuando cae la noche, sabemos que sí, que somos
valientes, imparables e indomables.

Somos valientes porque mirando nuestras heridas
y hablando de nuestra historia, lo hacemos desde
el aprendizaje y no desde el dolor, el rencor y mucho menos
desde la ignorancia, porque ahora que hemos aprendido
lo que antes no sabíamos, aceptamos cada consejo de

la vida, cada palabra de aliento, cada cumplido que
nos damos,
y no nos negamos a vivir nuevas cosas.

Somos valientes porque, cuando creímos que no íbamos a
seguir adelante, algo nos despertó, algo nos alertó,
algo nos dijo,
"Levántate es hora de hacer las paces".

Espero que en algún momento de tu vida,
las cartas que escribiste y los libros
que no leíste,
sigan contigo y te sientes un momento
a solas
y repases lo que hiciste. No habrá
mucho por decir.
La verdad es que vas a ver que
no hay que ir con tanta prisa, no hay
que ir
creyendo que el tiempo se va a acabar
si sabes
que todavía puedes hacerlo.

Espero que en algún momento de tu vida,
todo sea incluso mejor de lo que
esperabas.

Uno toca fondo por uno mismo,
no por alguien más. Uno lo hace
para sanar, aprender y escuchar.
Tocamos fondo cuando, al salir
de la burbuja, le soltamos la mano
a quienes nos hacen daño,
la vida nos regala nuevamente otra

OPORTUNIDAD, porque ella sigue
confiando y creyendo que
todavía nos queda mucho por aprender.

Y si es algo que no te está pasando a ti,
entonces a alguien cercano a ti le servirá está lección.
Dale la mano y enséñale a nadar.

Fui la persona que, aun sabiendo que todo era mentira, se quedó para intentarlo y anulé mi propia felicidad para hacer reír a otros. No me importó el tiempo que regalé. Mi necedad me llevó por el camino equivocado, no quise escuchar a nadie y muchas veces pasa que nadie puede hacerte despertar mientras tú no exijas y aceptes que eres víctima de tu propio juego.

Nadie nace con un manual, ni con lecciones aprendidas. Nadie nos dice qué hacer, a dónde mirar o a quién abrazar cuando el peso es demasiado. Pero hoy quiero decirte que fui esa persona que permitió tantas cosas para no sentirse solo. La verdad es que no me sirvió de nada porque cuando alguien quiere irse, simplemente se va y no vuelve.

Quiero que, luego de todas las cosas que hicimos, los momentos sumergidos y en los que aprendimos a nadar en nuestros sentimientos, no sigas sintiendo culpa. Quiero que lo hagas bien, que aceptes que puedes mejorar, que no hay senderos esperándonos, que el pasado es un momento que ya fue y que frente a nosotros hay demasiadas hojas en blanco para dibujarlas, escribirlas y lugares sin conocer que sí nos están esperando.

Con amor, Jordan

CAPÍTULO 5

En el muelle de las nuevas oportunidades

Luego de tanta espera, tanta lucha y de romper las paredes para encontrar la libertad, hemos llegado a esa parte donde, mirando desde el muelle, la vida nos sonríe y espera con muchas ansias que caminemos con ella.

Quiero que a partir de aquí, mirando desde otro lado, desde otro punto y perspectiva, nos abracemos a las nuevas oportunidades que comienzan a llegar y se quedan con nosotros. Es cierto que el camino de la vida no es una línea recta. De serlo, llegaríamos demasiado rápido a la meta y quizá no aprenderíamos casi nada.

Ahora te hablo desde mi experiencia y quiero decirte que para mí la vida es una montaña rusa cargada de emociones y aventuras. Por mucho tiempo me sentí solo, aunque mi realidad es distinta porque miro con otros ojos mi existencia. Soy más comprensivo conmigo y no me exijo de más, sino que voy poco a poco disfrutando cada paso.

Supongo que se trata de eso, de hacer pausas y disfrutar cada segundo mientras respiramos.

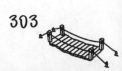

De vuelta a casa

Abrí los ojos al sonido de mi alarma a las 8:00 a.m. Desperté en casa, estaba de vuelta y luego de un viaje que emprendí para hacer algo diferente y que me hiciera sentir vivo, tenía que retornar a la realidad. Miraba el techo y de reojo la luz del día entraba por la ventana. Lucas no estaba en mi habitación. No la cierro por completo porque a él le gusta salir y entrar a cada rato. La verdad es que quería seguir durmiendo porque me sentía cansado y ni siquiera había terminado de desempacar y tampoco le había entregado a mi abuela los regalos que tanto le prometí.

Apenas llegué a casa, me comuniqué con Sammy para decirle que estaba de vuelta. Ella, feliz, me prometió que el siguiente fin de semana haríamos algo divertido en casa, que tenía muchos exámenes en la universidad y estaba ocupada. No podía quedarme mucho tiempo en cama, pues a mi abuela le encanta que respete la hora que tenemos para desayunar y como estaba haciéndolo sola todos estos días, no quería dejarla plantada en la mesa.

Me levanté para ducharme y ponerme ropa ligera. No tenía ningún otro plan más que quedarme en casa con mi abuela. Si a ella le apetecía salir a casa de alguna de sus amigas, le haría compañía. Mientras sacaba mi ropa y algunas cosas, volví a leer las notas que me había regalado Sammy. Me ayudaron a subir el ánimo y las guardé entre las páginas de uno de mis libros. Los girasoles estaban marchitos, pero decidí quedarme con ellos para que formaran parte de todos los recuerdos que tengo. Los puse sobre una de las repisa cerca de mi cama.

Me di una ducha larga para relajarme y comenzar el día con buen pie. Al vestirme, mi abuela estaba llamándome para decirme que el desayuno estaba listo, que me apresurara porque el café se estaba enfriando y que Lucas aprovecharía mi desayuno. La música de fondo me animaba a cantar y la verdad es que me sentía entusiasmado, me sentía bien, diferente, como si hubiese vuelto a renacer y listo para lo siguiente.

—Tengo demasiada curiosidad por saber qué más hiciste en tu viaje —dijo mi abuela—. Se sentó y tomó un sorbo de café.

—Abuela, creo que lo sabes. Te mantuve informada de todo —le respondí.

—Sí, pero quiero saber, quiero que me cuentes aquí, mientras desayunamos; no es lo mismo por videollamada que en persona —refutó.

—Bueno, como sabes, fueron días increíbles; el agua, el clima, la isla que te conté —le decía mientras la veía desayunar.

—Estaría encantada de ir —me interrumpió.

—Claro que iremos. Quiero que conozcas el lugar; te va a encantar —le respondí.

—Jordan, de verdad que espero que seas muy feliz, cariño. En serio mereces serlo y anhelo que lo seas por siempre —me dijo y no comprendía sus palabras.

—Abuela, pero yo estoy feliz, estás conmigo —le respondí mientras me servía mi café.

—Pero no es una felicidad completa y entiendes lo que digo —me respondió.

—Sí, lo entiendo, pero mejor no profundicemos en ese tema para no arruinar el desayuno —le dije con la intención de cambiar el tema de conversación.

—Lo sé, además he tenido días tranquilos. Mis amigas me mantienen ocupada, no eres el único que hace cosas para salir a flote —me respondió, y me encantó oír eso.

—Yo lo sé, abuelita. Por eso me fui tranquilo, porque confío en ti y tu carácter. Además, no te ibas a quedar en cama, mucho menos encerrada. Sé que lo odias —le respondí—. La verdad es que no dejaba de pensar que su forma de distraer su mente es, sin duda, la manera que tiene para no darle importancia a esas cosas que le duelen.

—Exacto, Jordan. No soporto estar todo el día sin hacer nada, así que mientras no estuviste también me di tiempo para mí y pensar —me respondió y sonrió.

—¿Qué pensaste abuela? —le pregunté y tomé una de las galletas en la mesa y la mojé en mi café.

—Que la vida es una locura, pero una locura que duele mucho, pero es lo que toca. Un viaje impredecible —me respondió y aquí supe que mi abuela me diría cosas que me dejarían pensativo, así que me preparé.

—Toda la razón, abuela. Así me he sentido yo. O, mejor dicho, en muchos momentos he sentido que a veces nada vale la pena —le respondí y ella me miró con preocupación.

—Bueno, yo he tocado fondo muchas veces en mi vida y a la edad que tengo todavía pienso y creo que la vida es bonita, cariño —me respondió con una pequeña sonrisa, supongo que quería hacerme sentir bien de alguna manera.

—La razón de mi viaje fue esa, abuela. Tocar fondo, qué coincidencia —respondí emocionado.

—Bueno, hace poco estaba en las redes sociales y leí algo al respecto sobre eso, sobre tocar fondo y me puse a pensar. Por ejemplo, con tu abuelo toqué fondo muchas veces —respondió entre risas, ella como siempre busca sacarle un chiste a todo.

—Y te separaste para ser feliz, ¿cierto? —interrumpí.

—Por un lado, sí, por el otro lo hice porque estaba cansada de sentirme atascada y vivir en un matrimonio que me quitaba la libertad —me dijo—. Bueno, en pocas palabras, sí lo hice para ser feliz.

—Muy valiente de tu parte. Algunas personas se quedan atascadas por miedo a ser felices —respondí mientras tomaba un sorbo de café y mi abuela también hacía lo mismo.

Ella se levantó de la silla para sacar del horno un pedazo de pan que tenía guardado y le untó mantequilla de maní; su adicción por el maní sobrepasa todo y es increíble. Yo la observaba esperando que dijera algo más.

—Por eso a ti no te voy a cohibir de nada, siempre voy a apostar por tu felicidad, porque no quiero que pases toda tu vida en la nada, así como me sentí yo en algún momento —respondió mi abuela. Tragué profundo y supe que mi abuela, al igual que la mayoría, tiene muchas cosas que sanar todavía, solo quise abrazarla. Me levanté para hacerlo y darle ánimo.

—Tú no estás, ni estuviste en la nada, abuela. No digas eso. Tenías que vivir eso para aprender incluso de ti y tu valor como persona —respondí y le di un beso en la mejilla.

—Sí, bueno, tú sabes a lo que me refiero —me interrumpió de inmediato—. Sé feliz como mejor te parezca. Estamos de paso por aquí, ¿lo entiendes?

—Claro que lo entiendo, abuela —le respondí. Yo entiendo todo lo que me dices tú y tus consejos, son los mejores para mí. Tú me enseñas que la vida es más que quedarnos en la cama, quejándonos de todo.

—Y tú eres mi nieto favorito —respondió risueña.

—Claro, soy el único, así que siempre voy a serlo —refuté.

Entre risas e historias que no podían faltar en la mesa, disfruté mi primer día de vuelta a casa con mi abuela, entendiendo que los años han pasado con ella y sus arrugas detonan heridas que quizá nunca podrán sanar, así como esos deseos que todavía siguen muy dentro de ella y duermen en su corazón. Mantenía la esperanza de que ella pudiera vivir lo que le queda por vivir con mucho amor.

No paraba de pensar en el tiempo que la tendría conmigo. Deseaba ser fuerte y prepararme para enfrentar una vida sin ella, como ya lo estaba haciendo sin mi madre. Admiro la valentía y el coraje de mi abuela, porque no ha parado de reír, de buscar felicidad hasta donde yo creí que no existía. Ella no le tiene miedo a la oscuridad y de ella aprendí que la luz entra por cualquier rendija, si buscamos la manera de que lo haga.

Un desayuno delicioso, un café de ensueño al que echaba de menos. El día me anunciaba que no hacía falta hacer cualquier cosa extraordinaria, solo disfrutar, estar en la mesa, mirar por todos lados, ver cómo Lucas duerme en el piso cerca de mí, ver a mi abuela sentada del otro lado y las fotografías familiares de aquellos que ya no están. Un recordatorio de que tenemos que disfrutar de quienes todavía están y que nada es predecible; que lo de tocar fondo lo haremos siempre que la vida nos pida ir a la superficie para dar lo mejor de nosotros.

Ahora comienzo a desligarme
del "yo no puedo", y le doy la mano
a la posibilidad de que lo que esté
por pasar sea increíble.

Silencio en la habitación

Una carta al pasado la encontré tirada en el piso de
mi habitación.
La recogí para leerla. Aún recuerdo cuando la escribí.
No quería que se fuera. Me sentí tonto, pero al
mismo tiempo
sentía que repetirlo muchas veces, no me llevaba
a ningún lado.

Muchas veces he querido nacer de nuevo.
Lo deseo con la intención de no cometer los
mismos errores,
de conocer personas diferentes y escuchar canciones
que jamás creí que existían.
Muchas veces he querido cambiar
de dirección o irme por el lado contrario.
Suelo exigir demasiado y pierdo la paciencia,

Pero ahora estoy solo en mi habitación, el silencio
me defiende, la calma está sobre mis cuatro paredes.
La música que suena, por ahora, me entusiasma y
me abraza.
No quiero pedir más y no es cuestión de que, por leer
cartas del pasado, me quedé en pausa y no haga nada
al respecto.

Pero hoy solo será una noche más,
el silencio define mi estadía tranquila,
solo soy yo, mis almohadas y la música
de fondo. No hace falta pedir más,
ni siquiera el leer cartas del pasado
va a causar que retroceda.

Ahora lo entiendo

Si me preguntas cuántas veces me he despertado en medio
de la noche,
no me bastarían los dedos para contarlas. Existen
emociones
que las siento en mi pecho y odio reconocer que necesito
un abrazo que me haga experimentar
ese sentimiento de amor.
No puedo decir que no me dolió, pero he renegado
gran parte del tiempo en el que me oculto y
decido alejarme.

Me van a pasar mil locuras en lo que queda de vida,
eso es algo que me recuerdo casi a diario, pero
si ahora me preguntas si lo he entendido, creo que sí.

Comienzo a enamorarme de la vida y me levanto del suelo
para dejar de sentirme vacío. El tiempo en el que me
sentí perdido
y estaba indefenso ha quedado atrás, lo guardé en mi
corazón y le puse
un candado para que no escape y me vuelva a lastimar.

Ahora creo que lo entiendo,
y lo que comencé una noche para tocar fondo,
es ahora la mejor lección de aprendizaje,
porque sin esperar nada la vida me sorprendió
para decirme que estoy a tiempo para lo que esté por pasar.

Quizá seguiré cayendo un par de veces más,
pero eso no es lo que importa; la preocupación
no va a dominarme.

He sufrido varias caídas inolvidables,
de esas que ponen en duda mi existencia,
esas que me dejan con preguntas que nunca voy
a poder encontrarles respuestas y sé que
siempre hablo de eso,
creo que es por la necesidad de querer saberlo todo.
En el momento que pienso
que todo podría ser mejor, nuevamente la luz se apaga
y es una batalla para encenderla. No quiero recurrir
a un pequeño espacio donde encerrarme y sentirme seguro.
Ya no quiero estar en esa parte de mi vida donde todo
se siente triste y hay mucho silencio, como si con eso
lograra olvidar lo que ha pasado, aquello que ha dolido
y me ha arrastrado otra vez a la inseguridad de no
creerme capaz de volar. Qué manera la de castigarnos
y no permitirnos ver la verdad, la de no sentir la razón
de la vida, la de querer pasar por encima de todo creyendo
que, al día siguiente, todo se borrará de nuestras mente.
No es así.
Supongo que cuando ese día llegue, habremos
aprendido la lección.
Solo espero que en esa travesía donde los
miedos estarán desfilando
y la felicidad intentará no dejarme ir,
pueda yo tener la fuerza para
soltarme por completo de lo que por mucho
tiempo me ha dominado,
te hablo de la inseguridad que siento cuando doy un paso.

Me disculpo conmigo mismo

Creo que llegó el momento de finalmente disculparme conmigo mismo. Por mucho tiempo quise intentar hacer las cosas bien para que los demás no se molestaran, pero ahora que las cosas han cambiado, entiendo que las personas nunca van a estar conformes del todo. Quiero disculparme conmigo mismo por el conflicto en el que he vivido por tanto tiempo y en donde termino mordiéndome las uñas por la rabia que siento cuando las cosas salen mal. También quiero pedirme disculpas por esperar demasiado, por dejar en otro plano mi propia vida, por inventar excusas y no salir de mi zona de confort y hacerme creer que no lo hago porque estoy esperando que vengan a tomarme la mano y me digan: "vente, vámonos a dar un paseo". Ahora entiendo que todo lo que he sentido en este viaje, al que siempre le llamo "vida", es que va a ser muy difícil encontrar a alguien como yo. Mejor dicho, nunca voy a encontrar a alguien como yo.

Me disculpo conmigo mismo porque a veces me exijo tanto que olvido la parte en la que tengo que descansar. Por eso, a partir de ahora voy a tomarme las cosas con más calma. Me disculpo conmigo mismo por el terror que siento cuando me levanto y me hago creer que no voy a poder. Me disculpo conmigo mismo por lo impaciente que fui en situaciones incómodas y no quiero juzgarme, pero es que siempre busco que las cosas no me afecten, pero lo hacen y demasiado.

Me disculpo conmigo mismo por lo inocente que fui al entregarle mi tiempo de calidad a personas que no supieron valorar mi estadía. También me disculpo conmigo mismo si en algún momento dejé que el rencor durmiera conmigo, formara parte de mis días y estuviera ahí, latiendo muy cerca de mi corazón.

Y me disculpo conmigo mismo porque comprendo que llegó la hora de avanzar.

En el muelle

Caminé y, estando solo, miré los colores del espacio a mi alrededor. He conseguido la calma que, por mucho tiempo, no sabía dónde estaba. He recorrido en mi interior los caminos que me llevaron de vuelta a mí. Lo que está por venir y está muy cerca, no lo voy a tomar como un golpe de suerte, sino como algo que tengo que atravesar. Dejaré de buscar y de sorprenderme yo mismo y solo voy a desear que cuando me levanté de mi cama todo esté bien.

Mis sentidos me han vuelto a dar la mano, mi sonrisa ha regresado y lo que postergué y he vuelto a retomar las canciones que puse en pausa. Habrá cosas que tal vez nunca podré decir porque es mejor dejarlas guardadas, otras, no las voy a poder entender y comprendo que no puedo perderme en eso, ni conducirme a la locura de lo perdido.

Comencé a despedirme del ayer, de lo que dolió y me atreví a soltar. Desde ese muelle me puse a pensar en grande, a decirme que sí, a sentir la vida, la brisa, los pájaros volando y guardando muy dentro de mí ese momento que era tan solo mío.

Te hablo ahora desde otro lado, desde otra perspectiva y razonamiento. Te lo digo porque ninguno de nosotros está preparado para tocar fondo. Creo que, de verdad, nadie está listo para nada, pero al hacerlo aprendemos a ser más valientes y a no dejar que el miedo sea quien controle la situación.

Estuve un largo rato en el muelle, solo mirando, solo apreciando y existiendo sin decir una sola palabra. Ahí estuve con la intención de que las próximas oportunidades pronto llegarán para quedarse.

Sonriendo otra vez

Algunos suelen decirnos, "Un día a la vez",
y yo no suelo comprender por qué lo dicen,
pero yo sigo aquí dando lo mejor de mí y mirando
cómo el color vuelve a pintar los retazos que forman
la silueta de mi corazón.

He vuelto a sonreír, pero lo hago por mí,
y miro en cada segundo, mientras respiro,
la oportunidad de hacerlo bien.

Sonrío por las buenas cosas,
sonrío para sentirme en el presente,
sonrío por los pequeños detalles de la vida,
sonrío por la gente buena que está a mi lado,
sonrío porque un nuevo amanecer es una oportunidad más.

No quiero hablar de finales felices por el momento. Solo quiero hablar de las ganas que tengo de que, al salir de casa, lo que la vida me tenga preparado yo sepa disfrutarlo. No quiero hablar más de lo mucho que dolió el pasado y ya no quiero escribir sobre aquellas cosas que quise que pasaran pero no pasaron. A partir de ahora solo quiero sonreír y con esto no quiero decir que voy a pasar por alto los momentos en los que vuelva a sentirme triste. Ahora sé que no puedo saber lo que va a pasar en el futuro, así que por ahora voy a quedarme recostado en mi cama escuchando música y disfrutando ese momento conmigo a solas.

Un fin de semana
para entender muchas cosas

Los días en casa pasaron tranquilos. La verdad es que todo estaba en orden y realmente así lo sentía; las conversaciones con mi abuela cada vez se profundizaban más y era muy evidente que las cosas entre los dos estaban mejor que nunca. No quiero que pienses que en algún momento mi abuela y yo no nos llevábamos bien, porque no es cierto. Solo que, con el pasar del tiempo y luego de la ausencia de mi mamá, tuvimos que aprender a lidiar con el hecho de estar solamente el uno para el otro. En ocasiones mi abuela suele ser muy terca, a veces discute por todo y yo solamente hago silencio, la dejo tranquila y me voy a mi habitación. Cuando sé que ya la rabia se le ha pasado, voy con ella para que podamos hablar bien y así entender cuál fue su molestia. Para mí es más fácil que las cosas puedan fluir de la mejor manera porque, si no, no estoy haciendo nada.

Se acerca la época de Navidad, mi fecha favorita y desde noviembre me gusta ir adornando la casa. También es la época favorita de mi abuela y este año haremos cosas increíbles para decorar. Todos estos días los he utilizado para seguir pensando en lo que quiero hacer más adelante, en lo que quiero soltar y superar, pero voy con calma para no terminar perdido otra vez.

Me tomó por sorpresa que Sammy me invitara a pasar un fin de semana con ella porque se suponía que estaría ocupada con la universidad. Me fui muy temprano a su casa, con Lucas, y le dije a mi abuela que tal vez volvería por la tarde o sino al día siguiente por la mañana; que estuviera pendiente de su teléfono para que se acostara temprano en caso de que yo no fuera a regresar.

Como solemos aburrirnos de estar en un solo lugar, Sammy y yo nos fuimos a la cafetería más cercana a su casa y allí compartimos un café y un par de galletas; Lucas se había quedado en la habitación de Sammy. Él siente que es también su casa, además Sammy le tiene juguetes y no es problema alguno que él se quede ahí. Desde que llegué a casa me di cuenta de que algo pasaba con Sammy, pero mantuve la paciencia porque sabía que en cualquier momento ella sola comenzaría a hablar de lo que estaba pasando. Sin embargo, tenía la leve sospecha de lo que quizás estaba sucediendo. Los problemas en su hogar cada vez son más complicados y ella siempre me dice que está cansada de que la situación en vez de mejorar solo empeora. Sus padres discuten por todo y ella lo único que quiere es poder estar tranquila en su propia casa.

Si hay algo que me gusta hacer con mi mejor amiga es que ambos podamos expresarnos sin pena y mucho menos sin miedo, además de que aproveché el momento para darle las gracias por el ramo de girasoles que me llevó hasta el hotel y las notas escritas en cada papel. Ella solo sonreía, tomaba café y me pedía que por favor lo disfrutara, que eso era algo de lo mucho que merezco en esta vida y dijo que siempre es importante demostrarles a las personas que queremos lo importante que son.

La tarde transcurrió demasiado rápido y, en efecto, las conversaciones fluyeron. Nos gusta hablar de cómo nos vemos en un futuro, nos gusta hablar de lo vulnerable que somos cuando sentimos que la vida se siente triste, nos gusta hablar de las cosas que hemos logrado y también de las veces que hemos fallado y cómo hemos caído, pero también de cómo nos hemos levantado.

Como la Navidad está cerca y sé que Sammy no está pasando un buen momento con sus padres, le hice la invitación de ir a casa a poner el árbol de Navidad y ver alguna película, y ella se mostró encantada de que pudiera distraerla. Antes de que cayera la noche nos fuimos a sentar en el parque para continuar hablando de todas las cosas que todavía nos molestan. El tiempo nunca es suficiente para expresar cómo nos sentimos y por eso nunca me canso de hablar con ella. Desde que nos conocimos, y a pesar de que hemos tenido momentos de discusiones, hemos sabido enfrentar los obstáculos y es de las pocas personas en las que realmente confío.

—Si te digo la verdad, me gustaría vivir sola, estoy cansada de la situación con mis padres —dijo Sammy afligida.

—Lo que no puedo entender es porqué siempre es lo mismo, de verdad —respondí al sentarme en la banca.

—Es algo que yo tampoco entiendo. Sinceramente, estoy cansada, Jordan —me dijo recostándose sobre mi hombro.

—No es para menos, yo también lo estaría —respondí—. A veces mi abuela se pone terca, pero no es tan complicado como en tu caso. Mientras le decía eso, recordé la vez que discutimos por unas tonterías y más tarde nos reímos a carcajadas.

—Sí, ya no sé cómo lidiar con la situación, realmente quisiera escapar de ella, así como en este momento lo estoy haciendo —me respondió soltando un suspiro.

—No te preocupes, la próxima vez haremos un viaje juntos en el que podamos olvidarnos de todo eso que nos incomoda —le respondí. En ese momento saqué de mi bolsillo un caramelo para dárselo y así endulzar la amarga conversación.

—Hablando de eso no te voy a perdonar que no me hayas invitado a tu viaje porque por las fotos que vi estuvo increíble.

Sammy desenvolvió el caramelo y me dio el envoltorio, su mirada fija en mí me intimidó, porque sé que no estaba para nada contenta de que yo no la hubiera invitado.

—Créeme que lo estuvo y la verdad es que volvería mil veces más —le respondí recordando cada día fuera de casa.

—Pero cuéntame, ¿de verdad te fuiste solo, o fuiste con alguien más y te da pena contarme? —me dijo entre dudas y risas.

—¿Cómo me va a dar pena contarte algo que estoy haciendo? Perfectamente sabes que no hay secretos entre tú y yo —le respondí.

—Es que es la primera vez que haces algo tan descabellado, por eso no comprendía el motivo —respondió Sammy indagando más y más.

—No hace falta que te lo vuelva a explicar, simplemente hay momentos en la vida en los que uno realmente despierta —le respondí.

—Bueno, para no seguir indagando más, porque quizá no me vas a contar más de lo que ya me has contado, dime una última cosa, ¿crees que algo cambió en ti después de eso? —me dijo, claramente, ella sí quería saber más.

—Realmente no quiero decir que algo cambió, prefiero hablarte de cómo me sentí y de cómo me siento en este momento —le respondí mirando cómo la gente caminaba de un lado a otro.

—Y cómo te sientes tú en este momento, porque realmente también quiero sentirme como tú, quiero ver si puedo lograr olvidar toda esta situación con mis padres —me dijo y en su mirada noté tristeza.

—Me siento bien conmigo mismo. He logrado entender muchas cosas y creo que finalmente he tocado tierra —le respondí.

—Entiendo, Jordan, ojalá muy pronto yo también pueda decir lo mismo. Sé que no puedo controlar ciertas situaciones, me lo has dicho en otras ocasiones —me dijo Sammy.

—Eso fue algo que aprendí hace poco, porque yo también tuve que entenderlo—le dije. Mientras caía la tarde, una brisa inesperada apareció haciendo volar hojas por todos lados.

—El punto es que, bueno, quisiera que las cosas no solo fueran mejor en casa, sino conmigo misma —respondió Sammy mientras su pelo se movía con el viento.

—¿A qué te refieres? —pregunté.

—Muchas veces siento que no doy lo mejor de mí —respondió. Las dudas se apoderaron de mí.

—¿A quién? —pregunté murmurando.

—No sé, supongo que con todos y conmigo misma —afirmó.

—Espera, si vas a dar lo mejor de ti, que sea por ti —respondí.

—Jordan, a veces es complicado —respondió.

—Lo complicas tú —respondí—. Me levanté de la banca y le ofrecí mi mano. —Es hora de irnos, parece que va a llover. Otra cosa, deja de creer que no puedes, que no eres suficiente y que tú no vales la pena.

—Créeme que es difícil llegar a ese punto.

—Lo sé, mis palabras son el eterno recordatorio de la increíble persona que eres.

No dio tiempo para que llegáramos a su casa, pues la lluvia apareció de repente. Corrimos, pero fue en vano y nos reímos porque hasta los teléfonos se mojaron. No quise pelear con el cambio del clima. Le dije a Sammy que lo mejor era disfrutar lo que estaba pasando, así que llegaríamos a casa caminando empapados, pero no importa, la vida es una sola. Fue súper divertido, había pasado mucho tiempo que no habíamos hecho esto que de niños nos encantaba hacer.

Creo que por un rato Sammy olvidó esos problemas que, muchas veces, controlan sus emociones; es muy difícil no darle importancia y muchos menos cuando se trata de personas a las que queremos muchísimo. Pero como buen amigo siempre voy a intentar que se sienta más cómoda sin importar qué estemos haciendo o en dónde estemos.

Llegar a su casa tomaría un par de minutos, además de que la ciudad colapsa cada vez que llueve, así que no quise preocuparme demasiado. Caminamos juntos y al rato vi que Sammy no dejaba de mirar todo a su alrededor. Ese instante lo aproveché para decirle que siempre vamos a atravesar cambios inesperados; que nadie está preparado para hacerlo, pero llegan en el momento que uno no los espera y hay que vivirlos. Hay que quererlos y aprender de ellos. Ella no paraba de reírse porque cada vez que comienzo a hablar de cómo me siento respecto a la vida, las cosas que pasan, e incluso hablar sobre algunas despedidas. Ella dice que entro en modo "reflexionista".

Luego de tomar un atajo finalmente llegamos a su casa. La mamá de Sammy estaba preocupada por nosotros porque nos habíamos mojado en la lluvia, así que nos mandó a duchar lo más rápido posible para no resfriarnos. Lucas ni siquiera se dio cuenta de que yo había llegado porque estaba dormido; así de cómodo se siente en su segunda casa. Ese fin de semana fue bastante increíble, Sammy pudo volver a la calma y entendió que no puede controlar nada, mejor dicho que sí puede controlar algo y es su rabia para no decir cosas de las que después podría arrepentirse.

Nunca estaremos cerca del final feliz
sin antes haberlo intentado.
Sin antes habernos convencido
de que lo que está detrás de la puerta
nos enseñará más de lo que esperamos.

Preguntas que en algún momento deberías responder

- ¿Cuándo fue la última vez que te sentiste feliz?

- ¿Cuál es el mejor recuerdo de tu infancia?

- ¿Cuál es el mejor consejo que alguien te dio?

- ¿Cuándo sentiste que la vida vale la pena?

- ¿Cómo te ves en cinco años?

- ¿Realmente crees en el amor?

- ¿Te sientes cómodo contigo ahora?

- ¿Cambiarías algo de tu vida?

- ¿A quién echas de menos en este momento?

- ¿Tocaste fondo?

Una noche de amor

Después de que Lucas y yo pasáramos el fin de semana con Sammy y compartiéramos en su casa, el lunes por la mañana regresé a la mía. Mi abuela estaba en el patio arreglando sus plantas. Ya había desayunado y, en la mesa que está cerca del árbol que había sembrado mi mamá, tenía su café, un par de galletas en el plato y lo que nunca puede faltar: un poco de mantequilla de maní. Me preguntó cómo la habíamos pasado, cómo se encontraban Sammy y su mamá. Yo le respondí que estaban bien en casa; no quise profundizar en el tema por respeto a Sammy, además no quiero darle preocupaciones a mi abuela, porque si hay algo que es muy cierto es que ella también adora a Sammy.

Aproveché ese momento para decirle a mi abuela que quería pintar mi habitación, sacar algunas cosas que ya no uso, escoger la ropa que tampoco utilizo para donarla y que luego de eso comenzaríamos a poner la Navidad en casa. Ella estuvo de acuerdo y me pidió que, por favor, antes de hacer las donaciones la ayudara a ella también a hacer lo mismo en su cuarto.

Me preguntó qué planes tenía y yo le dije que ninguno; que apenas era lunes y que obviamente me iba a quedar en casa con ella, algo que le pareció bien porque me pidió que la acompañara al cementerio a llevarle unas flores a mi mamá. Yo acepté con la condición de que, al volver a casa me preparara mi almuerzo favorito. Ella aceptó y, al terminar, nos alistamos para ir al cementerio.

El silencio nos acompañó, pero sé que también mamá lo hizo. Solo di gracias a la vida por haberla tenido conmigo y, a pesar de que ya no está, comprendo demasiado bien que tengo que continuar. Mi abuela soltó un par de lágrimas diciendo lo mucho que le echaba de menos. Yo también lo hice. Le di la mano, y le pedí que por favor nos fuéramos a casa. Ella dejó las flores y fuimos a casa, pero antes fuimos a la tienda por varios adornos de Navidad.

Recordatorio para días nublados

Antes de continuar y contarte lo que pasó en esa noche de amor, quiero recordarte que en los días grises también se sonríe, también se duerme, también se come, también se hacen planes y también nos podemos ir a la cama temprano. Esta vez quiero que hagamos una pequeña pausa, respiremos profundo, nos desconectemos de todo y pensemos en el lugar en que nos gustaría estar en este preciso momento; me incluyo porque la idea es que sintamos que estamos juntos. Yo, por ejemplo, me imagino que estoy nuevamente en la playa, que conmigo está Marina, que llegó la hora de despedirme de ella y guardarla para siempre en mi corazón.

Me imagino el sonido de las olas y Marina hablándome de todas las cosas que ella también quiere hacer. Ser libres realmente es ir por la vida cumpliendo todas las cosas que queremos hacer, eso es algo que yo le diría a Marina. Mientras mantengo mis ojos cerrados, pienso en todos esos días en los que estuve en la playa. Pienso en la isla mágica, pienso en mis caminatas por la calle en una ciudad tan ajetreada y conmigo va Lucas, que nunca se apartó de mí.

Concluyo que fueron varios días nublados porque en esa incansable búsqueda de respuestas, verdades y soluciones que pudieran permitirme ver en medio de la oscuridad un rayito de luz, solo puedo decir que lo logré. A partir de aquí quiero que tú también lo logres y que después que abras tus ojos, hayas respirado profundo y en calma, te levantes y sientas que todo está bien.

Carta de despedida a Marina

Quiero comenzar diciéndote que las cosas en casa van bastante bien, que por nada del mundo olvido lo que contigo aprendí, aquellos momentos en los que apareciste de la náda y en los que yo me sentía tan solo. Quiero darte las gracias porque estuviste allí, fuiste una verdadera compañía, una verdadera amiga y todo lo que a tu lado aprendí lo voy a ir poniendo en práctica día a día.

No me gustan las despedidas pero esta carta pareciera que lo es porque realmente no sé cuándo pueda volver a la isla mágica. Solo quiero recordarte que siempre vas a ser mi amiga. Confío demasiado en tu espíritu, porque si algo aprendí de ti es que las excusas no existen cuando uno quiere ser feliz.

Aprendí a nadar incluso cuando creí que no lo iba a lograr y sumergido en ese mar de sentimientos pude darme cuenta de la bonita persona que soy. Ya no le voy a echar la culpa al tiempo que pasa, a las mentiras de algunas personas, a los momentos que quise que sucedieran y solo quedaron en mi mente. Ya no voy a andar por la vida peleándome con todos, mucho menos conmigo.

Gracias por siempre haber estado allí cuando lo necesité.

Con amor, Jordan

Llegamos a casa y sacamos todas las cosas de Navidad del carro, creo que exageramos un poco con nuestras compras, pero no importa porque lo mejor de todo es que vamos a hacer uso de cada uno de los adornos y reutilizaremos los del año antepasado; el año pasado no celebramos la Navidad porque mamá se había ido.

Esa noche no quise cenar y me fui a mi cama temprano. Después de escribirle la carta de despedida a Marina, de hablar con Sammy por WhatsApp, caí en las profundidades de mis sueños y obtuve una respuesta a mi carta.

Querido Jordan, creo que nuevamente estás creando eventos que no han pasado, tú dices que esta carta es de despedida, pero te voy a decir algo: yo no creo en las despedidas. Cuando queremos a las personas realmente las despedidas no existen y confío demasiado en que tú y yo pronto nos vamos a volver a ver. ¿Cuándo? No lo sé, pero sé que será así.

Por acá todo está muy bien. Te echo de menos, tengo que admitirlo y también a tu perro. No tienes que darme las gracias. Solo recuerda que tú y yo una vez ya tuvimos un primer encuentro, tú no lo recuerdas porque eras muy pequeño, pero fuiste tú quien me puso "Marina". Nada original ese nombre, pero a mí me gustó.

Que tengas una feliz vida y yo voy a estar ahí para hacerte compañía las veces que vuelvas a tocar fondo.

Con amor, Marina

Al despertar por la mañana, me sentía nostálgico, pero entendía que todo por lo que estaba pasando solo me pertenecía a mí. La respuesta de Marina a través de mi sueño me dejó con una sensación bonita, una sensación que sana, que abraza de verdad. Podrán pensar que estoy loco, al final todos lo estamos. Miré cómo la luz entraba por mi ventana y continuaba con mis planes de querer cambiar el color de las paredes de mi habitación. La mañana era fría porque llovió de madrugada. Lucas estaba en la punta de mi cama muy cerca de mis pies y yo estaba mirando de un lado a otro las paredes de mi habitación. Era una situación tan compleja, pero realmente no me incomodaba porque los cambios en mi vida se estaban presentando de diferentes maneras.

No sé qué vendrá después, no quiero saberlo. Voy a dejar que las cosas pasen como tienen que pasar y si todo vuelve a salir mal, no me voy a dar por vencido. Puede que en algún momento vuelva a sentirme perdido, molesto con la vida, con muchas preguntas, pero me prometo que esta vez todo será diferente porque lo que he aprendido ahora lo voy a poner en práctica diariamente.

Mientras las horas del reloj seguían corriendo, la vida me pedía que por favor me levantara de la cama pues había mucho que hacer. Yo estaba entusiasmado y feliz porque si hay alguna razón en todo esto es que la vida es hermosa con todos sus matices. Discúlpame si en algún momento soy demasiado repetitivo, recuerda que te dije que ya no creo en las perfecciones y ya no las busco.

Llegó la hora de abrir las ventanas, llegó la hora de abrir todas las puertas, llegó la hora de abrazarnos con las oportunidades que el destino nos va regalando. Llegó el momento de dejarnos querer y hacerlo con mucha intensidad, llegó la hora de volver a la superficie, luego de haber tocado fondo.

Epílogo

Finalmente entendí que luego de pasar gran parte de mi vida buscando algo, buscando respuestas o razones que me motiven a seguir, estaba perdiendo la oportunidad de vivir de verdad. En muchas ocasiones he dejado enfriar el café por estar mirando el celular, no disfruto la película de estreno porque no me concentro y pienso demasiado en las cosas que no me salen bien. Y es que en marzo también siento frío, en enero se me olvida que existo, pero en octubre la vida me duele y me castigo con esos pensamientos que me hacen sentir culpable por situaciones en las que yo no tuve nada que ver y no pude controlar.

Es cierto, me he sentido un cero a la izquierda y me he perdido en medio del mar de emociones que controlan mi estado mental, cuando estoy dormido y nadie está en casa; en mis sueños me encuentro naufragando en ese estado. Hace varias noches eso cambió y fue la primera vez que vi con otros ojos que la vida siempre me ha dado cada una de las respuestas a las preguntas que tengo. Suelo hablar de magia, pero cuestiono su existir y creo firmemente que todo este tiempo yo mismo he tropezado a propósito con la misma piedra.

Volví a soñar que estaba en el agua, en medio de ese mar de sentimientos, pero esta vez fue diferente porque podía mirar desde el fondo a la tierra, las montañas y las aves sobrevolando la playa; estaba cerca pero no lo suficiente como para llegar a la orilla en cuestión de minutos. Ya no tenía miedo, tenía puesto un salvavidas y conmigo iban dos acompañantes, lo que significaba que no estaba solo y quizá nunca lo estuve. Creo que lo cierto es que antes no presté atención a quienes iban conmigo por estar pendiente de esas cosas que, después de todo, nunca salieron bien.

Por supuesto, que puedo yo solo, pero tener compañía le regala estilo a la aventura. El brillo de mis ojos retornó y no tuve que indagar más en el pasado, ni hacer demasiado esfuerzo por intentar recuperar algo que se había perdido en la monotonía. La vuelta a tierra solo me pedía una cosa, que siguiera con la vida. Los acompañantes, en algún momento sabré quiénes son, me van a sonreír. Supongo que son la razón y la oportunidad, amigos que estuvieron siempre a mi lado, en mi destino trazado y en mi amor por las cosas que deseo. Encontré la libertad, o, mejor dicho, siempre fui libre, pero yo mismo me convertí en prisionero de mis propios miedos. Ellos se rieron de mí y se los permití, apagaron la música, me castigaron en la oscuridad y me hicieron creer que yo no valía nada.

La razón me dio la mano, me devolvió el valor y las ganas de seguir. La oportunidad hizo las paces conmigo, me abrazó y me sacó de la oscuridad.

Ya no voy a estar por ahí salvando a quien no quiere ser salvado; demasiadas lecciones de vida aparecieron en este aprendizaje. Solemos incluir a personas que no se incluyen y no se puede pelear contra eso. Lamentablemente, cuando no funcionamos como queremos, al abrir la ventana y ver lo que hay afuera, tenemos dos opciones: quedarnos y llorar la tragedia, o salir y sonreírle al día. Yo aprendí a sonreírle al día y a no abrir solamente una ventana, sino todas. También abro la puerta principal y la trasera. Ya no hace falta que me sostengan. Aprendí a nadar, pero también a volar, pues por ahora, mi única debilidad será querer con intensidad.

Aquí me despido de las expectativas, de idealizar a las personas, de creer que no podré, de sentirme inseguro y de pretender que, por intentarlo y darme otra oportunidad, no la merezco.

Logré salir a la superficie, me quité el chaleco salvavidas, desperté con una vida que siempre ha sido mía y lo entendí. Nadie está preparado para tocar fondo, pero será necesario hacerlo, no porque yo lo diga o esté loco, sino porque en el momento en que todo esté desordenado, la motivación haya escapado, la ilusión haya sido opacada por el cielo nublado de la incertidumbre. Hay algo que hacer. Lo vas a pensar, lo vas a meditar, pero finalmente lo vas a hacer.

Queridos lectores, busquen una toalla, es hora de secarnos y decirnos adiós por un breve instante.

No sé qué tanto cambió en ti luego de leer este libro, esta historia y estos aprendizajes que encontraste en el fondo del mar. Cada uno de los escritos fueron las pistas o palabras que alguna vez quisiste escuchar, de eso estoy seguro.

Jordan encontró la felicidad dentro de él, siempre la tuvo y su motivación fue ser feliz sin excusas. Demasiada vida por delante y muchas oportunidades esperando que él las tome. Jordan sigue tomando café con su abuela y viajan juntos. Lucas sigue a su lado y algo me dice que será eterno.

Sammy se graduó en la universidad y, como regalo especial, Jordan la llevó de visita a la isla mágica con su abuela. Ninguna de ellas sabe de la existencia de Marina, pues es un secreto que tiene con su perro Lucas.

La abuela de Jordan sigue entusiasmada con las historias que le cuenta su nieto en cada viaje que realiza. Continúa con sus juegos de mesa y ahora se pinta el cabello de colores.

Marina sigue en el mar y cada vez está más cerca de irse a casa. Los años han pasado y Jordan tiene la esperanza de que, antes de irse para siempre, pueda despedirse de ella. Él no sabe cuándo será y ella tampoco. Ninguno sabe el tiempo real de nuestra existencia.

Ahora hablemos de ti. Te vas a secar con la toalla después de tomar una gran ducha, beberás vino, café o agua, lo que tú quieras, vas a estar en alguna colina, césped o campo abierto con árboles. Quizás estarás en tu casa, en tu patio o tu habitación. La verdad es que aquí, en el final de este libro, no importa dónde te encuentres sino cómo está tu mente. La intención de este libro fue despertarte y enseñarte a nadar, pero también ordenar tus emociones, comprenderte y abrazarte con cada página. Espero haberlo logrado, porque de verdad

ALEJANDRO SEQUERA

el amor pareciera que se está agotando y eso me preocupa. Pero sé que contigo eso cambiará porque, al igual que yo, tenemos el corazón repleto de amor, pero en medio de tanta oscuridad y locura, preferimos guardar silencio.

Ojalá lo logres,
ojalá seas feliz,
ojalá lo entiendas,
ojalá te perdones,
ojalá disfrutes la vida,
ojalá te ames de verdad,
ojalá un día, cuando no entiendas qué pasó, no enloquezcas,
ojalá vuelvas a ti, así sea en un avión de papel,
ojalá no te canses de intentarlo,
ojalá después de esto, te des la oportunidad de ir más allá.

Y si llegamos a los setenta años, ojalá podamos contarles a nuestros nietos que un día hubo una estrella que le habló a alguien llamado Jordan, que mientras él tocaba fondo, despertaba para ir a la superficie de la felicidad, ese lugar que es solamente nuestro y muchas veces se lo entregamos a quien no debemos. Ojalá podamos entender que solamente tenemos una vida.

Fin

Creo que este es el final, pero si gustas puedes
dártelo tú al cerrar este libro.
PD: El día que regreses al mar espero
que me invites :)

Alejandro Sequera Pinto
01 de noviembre 2023

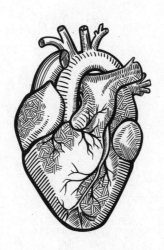

Alejandro Sequera Pinto (Venezuela, 1995) es un joven autor que encuentra, a través de sus letras, las respuestas que tanto necesita ante las pérdidas, los malos ratos de la vida y las caídas. Ha publicado varios libros y poemarios. Su primera publicación fue *Mi viaje sin ti* (2017), un largo proceso de sanación personal en el que recopiló sus pensamientos y que pronto se convirtió en *bestseller*, así como también lo hizo su libro *Querido yo, vamos a estar bien* (2022).

alejandrosequera.com

Instagram: @vespertine.95